Rachida Dati

Une ambition française

Lionel Cottu

Rachida Dati

Une ambition française

FIRST
Editions

ISBN : 978-2-7540-0587-6

Dépôt légal : 4e trimestre 2007
Imprimé en France

Édition : Élodie Le Joubioux
Mise en page : **MADmac**

Nous nous efforçons de publier des ouvrages qui correspondent à vos attentes et votre satisfaction est pour nous une priorité. Alors, n'hésitez pas à nous faire part de vos commentaires :

Éditions First
2 ter, rue des Chantiers
75 005 Paris - France

Tél. : 01 45 49 60 00
Fax : 01 45 49 60 01
E-mail : firstinfo@efirst.com

Aux miens,
si essentiels.

« Les gens qui veulent fortement une chose
sont presque toujours bien servis par le hasard. »

Honoré de Balzac, *La Vendetta*

Sommaire

« C'est l'occasion pour moi de dire à la garde des Sceaux ma confiance, mon amitié et son obligation de réussite. La présence de Rachida place Vendôme, c'est un message adressé à tous les enfants de France que pour chacun, par son mérite, par son effort, tout devient possible. » Nicolas Sarkozy, président de la République, le 13 juillet 2007.

Rachida. Trois syllabes pour un symbole. Les femmes qui comptent sont si rares qu'elles se passent de patronyme. Cécilia, Ségolène, Rachida. Les prénoms désormais doivent claquer comme des marques.

Quand il évoque l'obligation de réussite de celle qu'il a nommée ministre de la Justice, Nicolas Sarkozy n'ignore pas qu'ils ont destin lié. La jubilation l'emporte encore sur l'inquiétude : elle est femme, elle est fille d'immigrés. Elle fut pauvre. Elle vient de nulle part et elle va exercer son autorité sur l'un des corps les plus conservateurs et les plus raides de la République. Elle sera attaquée, vacillera sous les coups, mais il la soutiendra. Le plus longtemps possible. Ceux qu'elle ulcère, qu'elle exaspère, qui fulminent en espérant sa chute en seront pour leurs frais : les vieux barbons, à droite et dans la magistrature, qui se pensaient un État dans l'État. « Je leur ai apporté le pouvoir, qu'est-ce qu'ils veulent de plus ? » Et la pauvre gauche en miettes, antiraciste devant l'Éternel, prise de vitesse sur son propre terrain. « Sarko-facho », comme ont pu le scander certains manifestants le soir de l'élection présidentielle, joue l'ouverture. Et c'est bien joué.

Admiratif, attendri, comme incrédule devant le processus qu'il a déclenché, il ne se lasse pas de contempler ses « créatures » ; Rama Yade, l'indomptable « Sénégauloise » ; Fadela Amara, madone des filles martyres ; et Rachida, tisseuse de toile, l'hyperbosseuse. Fasciné, le président se tourne vers son ministre des Affaires étrangères, l'ex-socialiste Kouchner. « Elles ne sont pas comme nous, tu comprends, Bernard... Nous, on est pareils, quelque part. Mais elles... »

Le nouveau siècle peut commencer.

1

Nouvelle vague

« On ne fait rien de grand sans de grands hommes,
et ceux-ci le sont pour l'avoir voulu. »

Charles de Gaulle, *Vers l'armée de métier*

Paris ! C'est comme si les quatre cadrans du beffroi s'étaient figés avec elle. Sous la haute horloge de la gare de Lyon, elle marque un temps d'arrêt. Ses yeux miroitent au rythme des néons accrochés aux façades haussmanniennes. Autour d'elle, les grues et les excavateurs raclent les tripes d'un quartier en perpétuelle reconstruction. À chaque fois elle contemple fascinée les bus verts et les passants pressés qui courent vers leur métro. C'est le Paris d'hier et de demain, ce sont des gens sûrs d'eux et souriants, tous élégants, tous différents. Des Parisiens ! C'est la vraie vie, elle veut en être. Elle en sera.

Timide et grisée à la fois, sur le parvis immense comme un tremplin, Rachida sourit à l'hôtel qui lui fait face : le Terminus. Ce ne sera pas le sien. Son « À nous deux, Paris ! » est muet mais vibre en elle comme un défi balzacien. Elle a 22 ans, sa vie commence. La vraie. Juste une rue à traverser. La rue de Chalon.

Gergy, automne 1965. La grande banlieue de Chalon-sur-Saône. Mbark vient de Casablanca. Fatim-Zohra a passé le plus clair de sa jeunesse à Saint-Eugène, le quartier juif espagnol d'Oran. Ils se sont rencontrés en Algérie où Mbark s'était installé pour trouver du travail et s'alléger des pesanteurs familiales. Il est sévère et ombrageux. Elle est « la joie même [1] ». Différents et complémentaires. Ils vivaient à Oran lorsque s'intensifia la « guerre des sables » entre Maroc et Algérie. Mbark rentra alors au pays, suivi de son épouse et de Malika, leur petite fille. Bientôt, ils partiront plus loin encore. Comme tant d'autres, venus du sud de la Méditerranée, ils entendront l'appel de la France.

De la Saône-et-Loire, ils ne savent rien, ou pas grand-chose. C'est pourtant là que le bureau de l'Immigration a trouvé à Mbark un emploi de maçon, le métier qu'il exerçait auparavant. Les Dati habitent d'abord Gergy. Le 27 novembre à 15 h 30, ils donnent naissance à un deuxième enfant qui vient éclairer leur quotidien et animer leurs nuits de sommeil. C'est encore une fille. Elle s'appellera Rachida. « La bien guidée ». Un petit sagittaire, ascendant taureau, dont la carte du ciel assure que « bienveillance, idéaux élevés, enthousiasme, indépendance, goût des grands voyages, de la vie libre sont les caractéristiques principales » de son signe[2]...

Une nouvelle Histoire

En cet automne frisquet de 1965, la France de demain voit le jour sous les auspices favorables d'un fier et vieux passé. Et la petite histoire, déjà, rencontre la grande.

Quelques jours après la naissance d'une nouvelle Chalonnaise aux yeux noirs, fille d'une Algérienne et d'un Marocain, la toute jeune Ve République s'offre un choc politique.

L'élection présidentielle se déroule, pour la première fois depuis 1848 et la victoire de Louis Napoléon Bonaparte, au suffrage universel direct. Autrement dit, chaque Français majeur va pouvoir voter. Coup de tonnerre au premier tour, le 5 décembre : de Gaulle est mis en ballottage. Candidat à sa propre succession, le chef de l'État ne dépasse pas la barre des 45 % de suffrages exprimés. Certain de susciter un plébiscite, il avait attendu le dernier moment pour annoncer sa candidature. Avec une gravité intimidante : « Que l'adhésion franche et massive des citoyens m'engage à rester en fonctions, l'avenir de la République nouvelle sera décidément assuré. Sinon, personne ne peut douter qu'elle s'écroulera aussitôt. »

Lui, ou le chaos ! Le Général doutait si peu de sa victoire qu'il n'avait pas jugé indispensable d'utiliser son temps de parole télévisuel. Il y consentira en catastrophe avant le deuxième tour. La télévision joue en effet, pour la première fois, un rôle majeur. Les candidats y apprennent à s'adresser à chaque électeur en particulier. À lui envoyer des messages simples et clairs. Jusque-là, le président était élu par les parlementaires ; les négociations de couloir prenaient le pas sur les programmes. Les temps changent.

Désormais, télé oblige, le style fera le chef.

Deux semaines passent et l'Élysée respire mieux. De Gaulle sera réélu avec 2,5 millions de voix d'avance sur Mitterrand. Mais dans l'histoire politique française, 1965 marque un tournant.

Introduite à cette occasion, l'accumulation d'images, de sondages et de messages soigneusement « marquetés » bouleverse les usages de la vie publique et l'idée même de la fonction présidentielle. La démocratie d'opinion balbutie encore, mais elle a tout l'avenir devant elle.

Âge d'or et portes ouvertes

Dressé sur un petit coteau baigné par la rivière, Gergy se vécut longtemps en capitale de la gravure industrielle. Après la défaite de juin 1940, la ligne de démarcation entre France occupée et zone libre passait sur le pont qui y enjambe la Saône. La nuit, résistants en cavale, juifs pourchassés, prisonniers évadés et réfractaires au Service du Travail Obligatoire furent nombreux à y chercher la liberté, en barque ou à la nage. Dans le local vétuste qu'on leur a attribué, une grange retapée qu'ils partagent avec trois autres familles, les Dati se sentent un peu à l'étroit. Le confort est sommaire et les rapports avec l'administration parfois compliqués. Mbark se souvient de sa gêne, de son incompréhension face aux formulaires qu'on pouvait lui tendre. « C'est bête, dit-il, mais j'ai eu honte.[3] » Au moins a-t-il un boulot où il se rend chaque matin avec le vélo prêté par une voisine, puis plus tard à mobylette.

La France de 1965 vit encore dans cette période bénie qu'on a nommée « les trente glorieuses ». Elle démarra dans l'immédiat après-guerre pour se prolonger peu ou prou jusqu'aux années Giscard. Les travailleurs immigrés, alors, sont les bienvenus. On les accueille sans enthousiasme démonstratif, mais il n'est pas question de se passer de cette main-d'œuvre aisément corvéable, à qui l'on consent l'exécution de tous les travaux pénibles. C'est une nécessité démographique : sa fécondité est si faible que, depuis 1850, la France est la seule en Europe à importer des travailleurs quand ses voisins en exportent. L'immigration a connu plusieurs cycles ; de 1921 à 1931, par exemple, la population étrangère s'est considérablement accrue pour atteindre 2,7 millions de personnes (7 % de la population totale). En 1932 les portes se referment mais, entre-temps, la production industrielle a doublé. Britanniques, Allemands, Belges, Suisses, Italiens, Polonais se sont ainsi succédé de génération en génération pour contribuer au développement économique de l'Hexagone : la sidérurgie lorraine a reposé sur le travail des ouvriers italiens, les mines de charbon du Nord sur celui des Polonais.

En 1965, les Espagnols sont les plus nombreux. Ils ont imité l'exemple de leurs grands-parents, arrivés dès la fin du XIXe siècle de ce côté-ci des Pyrénées. Les Portugais suivent. Entre 1950 et 1970, les ressortissants des anciens territoires coloniaux d'Afrique du Nord et d'Afrique noire sont également très nombreux à rejoindre l'ex-métropole. Quand Mbark et Fatim-Zohra Dati s'installent du côté de Chalon, la France compte près de 5 % d'étrangers, soit un peu plus de 2 millions de personnes. Et elle a besoin d'eux.

Dopée par l'aide américaine et par la dynamique de la reconstruction, elle découvre alors avec ferveur les joies de la société de consommation. État providence d'un côté, libéralisme souriant de l'autre : le vieux pays rural se prend au jeu de l'abondance. On y lance le Club Med et la Fnac à l'intention des cadres, et les foyers Sonacotra pour héberger la main-d'œuvre étrangère. Aux portes des grandes villes, les « grands ensembles » n'ont pas encore dévoilé l'irresponsa-bilité de la plupart de leurs concepteurs ; urbanistes et architectes s'inspiraient alors souvent du célèbre Le Corbusier, disparu cette année-là. Le terme de « cité » n'avait pas la dimension péjorative qu'on lui connaît aujourd'hui.

Un monde s'efface, un autre se prépare à naître. Au-delà du cliché, l'Europe occidentale et la France se portent bien. Les verrous sont en train de sauter. Les producteurs produisent et les consommateurs consomment, de 7 à 77 ans. Tous, cependant, ne recueillent pas les mêmes fruits de la croissance insolente qui caractérise ces années heureuses. Dans la salle des machines, il y a ceux qui suent, souquent et saturent plus vite que les autres afin que prospère le pays : une main-d'œuvre immigrée, silencieuse, bon marché, dure à la tâche. Et souvent isolée : il faudra attendre 1974 pour que s'accélère la politique de regroupement familial réclamée par les associations. Et que s'interrompe, en parallèle, l'arrivée officielle de nouveaux travailleurs. La priorité sera alors à la « maîtrise des flux migratoires ».

Mais en 1965, les portes sont encore ouvertes.

---

1. *Je vous fais juges*, Entretien avec Claude Askolovitch, Rachida Dati, Grasset, 2007.

2. Les extraits du thème astral sont reproduits avec l'aimable autorisation de www.astroquick.fr

3. *Paris Match*, 31 mai 2007.

2

Treize à la douzaine

« Fils de sultan, fils de fakir
Tous les enfants ont un empire
Sous voûte d'or sous toit de chaume
Tous les enfants ont un royaume
Un coin de vague une fleur qui tremble
Un oiseau mort qui leur ressemble
Fils de sultan, fils de fakir
Tous les enfants ont un empire
Ce n'est qu'après, longtemps après... »

Jacques Brel, « Fils de »

De toute éternité, commerces et invasions remontent les cours d'eau. La Saône irrigue ici une terre de passage, de vaches grasses et d'industrie : une Bourgogne excentrée qui garde un œil vers l'Orient. Le département 71, dit de Saône-et-Loire, a son cœur à Chalon, dont la croissance n'a cessé d'élargir les contours. Cités ouvrières et grands ensembles ont été dispersés au hasard des trente-huit communes qui l'entourent et composent aujourd'hui l'agglomération du « Grand Chalon ». Entre l'autoroute du Soleil et la ZAC Saint-Cosme, Saint-Rémy est l'une d'entre elles. C'est à la maternité des Bleuets, rattachée à la clinique de Bourgogne, que Rachida est donc née le 27 novembre 1965. Après deux ans à Gergy, Mbark et Fatim-Zohra Dati vont s'installer plus au sud, à Saint-Loup-de-Varennes.

À 7 kilomètres de Chalon, Saint-Loup est un village de plaine. Son titre de gloire : avoir vu s'éteindre Nicéphore Niepce, inventeur de la photographie, en 1833. La région est agréable, caractéristique de ce qu'on peut encore appeler la « France profonde » ;

champêtre, en dépit des quartiers d'habitation qui gagnent peu à peu sur les pâturages et les bois communaux. Car elle devient, bon gré, mal gré, la grande banlieue de l'industrieuse Chalon. Au fil des années, ses habitants seront de plus en plus nombreux à partir travailler à la ville, et notamment à l'usine Saint-Gobain. À la fin des années 1960, ce n'est pas encore le cas de Mbark Dati, qui alterne sans rechigner les métiers les plus divers. Victime d'un grave accident de voiture qui bouleversa ses enfants et le laissa dans le coma, il a été obligé de renoncer à son activité de maçon. Il enchaîne dès lors travaux agricoles, manutention, ménage. Parfois, racontera-t-il, on le paie « en veaux, en bidons de lait ou en poulets ». Il roule de village en bourgade dans une vieille 404, ses heures de sommeil sont comptées : à la maison, les bouches à nourrir augmentent chaque année d'une unité. Elles seront bientôt onze à mobiliser toute l'énergie de leur mère. À part quelques ménages, Fatim-Zohra n'a ni le temps ni le droit de chercher une autre activité. Ça ne se fait pas, c'est tout ; le père ici est redouté autant que respecté.

Chaque été, la famille s'offre un retour aux sources. Le combi Volkswagen chargé à bloc, fier comme une cathédrale, la carte Michelin dépenaillée sur les genoux des gosses et c'est le départ tant attendu vers le sud, l'Andalousie, le port d'Algésiras ; la Grande Bleue ; Tanger. Et enfin, la blanche Casa. Le pèlerinage estival est plus que nécessaire : il est vital. À Casablanca pourtant, Mbark se repose peu. Il construit la maison de ses rêves, pierre après pierre. C'est ainsi qu'il puise l'énergie de reprendre la route du nord, fin août, le cœur presque léger.

Le sens du Devoir

Après Saint-Loup, la famille s'est déplacée plus près de Chalon, côté est. Le quartier des Charreaux jouxte Saint-Rémy et Châtenoy-le-Royal. Rue de la Liberté, les Dati ont trouvé une petite maison qui offre un peu d'espace à leur progéniture. Mais ils devront la quitter en 1973 pour la cité du Stade, dans le quartier du même nom, où ils resteront cinq ans. Quatre frères, sept sœurs et une nièce... Ils ne seront pas six et six, à l'image du célèbre roman d'Ernestine Galbreth *Treize à la douzaine,* mais ici aussi ce sont les filles qui mènent la danse et impriment au foyer leur joyeuse énergie. Rachida n'est pas la plus effacée. Elle a déjà une personnalité tranchée qui se remarque dès ses années de maternelle. Quand il faut l'inscrire à la « grande école », son père suit l'inspiration que lui envoie la providence : tout près du centre-ville de Chalon, rue du Général-Giraud, il a participé à la construction d'un bâtiment de l'ancienne école Sainte-Marie, désormais baptisée Le Devoir. C'était son premier vrai chantier en France. Le nom même de l'établissement inspire confiance à Mbark Dati et l'amabilité à son égard des religieuses de l'ordre du Saint-Sacrement, qui en exercent la gestion depuis 1854, conforte son impression favorable. Les petits, à ce qu'il peut en voir, ont l'air à la fois heureux et respectueux des règles. École mixte depuis trop peu de temps pour accueillir beaucoup de garçons, Le Devoir renvoie à Mbark un écho idéal à sa propre rigidité, héritée d'une éducation on ne peut plus traditionnelle.

Un matin de 1972, le maçon marocain surmonte sa timidité et prend la directrice à part. Accepterait-elle de compter les petites Dati parmi ses élèves ? À la maison elles sont élevées dans la culture musulmane, mais leur père s'en porte garant : ce ne sera pas un obstacle. Malika (6 ans à l'époque) et Rachida (3 ans) sont des enfants exemplaires qui s'intégreront parfaitement aux usages d'une école aussi respectable. La pieuse femme est un peu étonnée, mais assez ouverte pour accepter. Il va toutefois falloir assumer les frais de scolarité.

Peu élevés au regard de ceux d'autres établissements plus huppés, ils risquent de grever le budget d'une famille qui ne roule pas sur l'or. L'actuel directeur du Devoir, Christian Morin, se souvient : « Pour les parents Dati, l'éducation de leurs filles primait sur tout le reste. C'était assez original de la part d'une famille maghrébine. Souvent, nous avions affaire à une situation inverse : nous devions nous battre pour que les petites viennent à l'école régulièrement. La motivation des Dati était évidente. » Et leur décision, courageuse autant que décisive. Sur le terrain de l'éducation, de nombreuses familles immigrées renoncent à l'ambition parce qu'elles ne maîtrisent pas la langue de leur pays d'accueil. Parce qu'elles doivent, aussi, composer avec les exigences d'une survie économique précaire. Mbark et Fatim Dati ont su se projeter au-delà de leurs contraintes du moment. Pour le bien de leurs enfants. En retour, il faudra faire des efforts ; et obtenir des notes à la hauteur du sacrifice financier. Ils n'ont pas à s'inquiéter : Malika, l'aînée, est une jeune fille travailleuse, sérieuse, moins expansive que sa cadette mais brillante. Quant à Rachida, elle n'a même pas 7 ans que déjà, derrière les murs de brique qui encadrent la cour de récréation, elle est la plus entourée. Si étonnant que cela puisse paraître, elle en impose. Et pas seulement parce qu'elle fait rire tout le monde en racontant comment l'un de ses frères a été oublié sur une aire de repos de l'autoroute A6, au retour des vacances...

« Dominatrice plus que dominée [1] », selon le témoignage de son institutrice à *Paris Match,* Rachida se fait bagarreuse quand on la cherche ou lorsqu'une injustice la révolte. C'est justement à l'école, dès sa rentrée en CE1 en septembre 1972, qu'elle rencontre celle qui deviendra sa meilleure amie et qu'elle ne quittera plus, Valérie Parize. Sa jumelle. La treizième de l'histoire. La mère de Valérie est prof de gym au Devoir. « Valérie est la seule personne qui soit rentrée dans ma famille. La seule qui ait tout partagé avec moi au cours de mon enfance et de mon adolescence [2] », confirmera Rachida. D'ailleurs, alors qu'il défend à ses enfants de recevoir leurs amis chez eux, par peur des mauvaises influences, Mbark Dati fait une exception pour Valérie et sa sœur Florence. Ces deux-là sont des leurs. Pourquoi une telle affection réciproque ? Les deux jeunes filles ont des points communs, des atomes crochus. « Mon père, qui était professeur d'éducation physique, comme ma mère, avait fait son service militaire à Mohammedia près de Casa, raconte Valérie. Un service long de deux années. Nous étions donc très attachés à ce pays. » Du coup, la famille Parize, pendant ses vacances d'été, ne manque jamais de faire escale à Casablanca. Et bientôt Olivia, la petite sœur de Valérie, se prendra d'affection pour Jamila Dati.

Valérie en convient : son amie exerce sur elle et sur ceux qu'elle rencontre une sorte de magnétisme qui remonte à l'enfance. Ce charme, ou peut-être mieux encore, ce charisme, Rachida le possède naturellement. Mais elle le cultive aussi, sans toujours s'en apercevoir. Elle a besoin de séduire, d'être unique, de se sentir indispensable. D'exister dans le regard des autres. Après tout, avoir soif d'attention et de reconnaissance, c'est bien légitime de la part d'une petite fille qui doit partager l'amour de ses parents avec dix frères et sœurs. À la maison, très tôt elle s'est démarquée par son autonomie et son sens des responsabilités. Mais il lui est plus facile de s'imposer en dehors du cercle familial. Ses camarades de classe seront les premiers à lui faire prendre conscience de sa propre valeur et de son influence. Entre tous, Valérie est la plus subjuguée. Rachida l'entraîne dans des situations qui ne lui seraient jamais venues à l'esprit, Rachida ose l'incroyable, Rachida l'enhardit. Rachida donne un sens à sa vie. « C'était une battante, pleine d'audace. Elle n'avait même pas besoin de parler, quelque chose de particulier se dégageait d'elle. Mais il ne fallait pas s'opposer à elle. Si ça a collé si bien entre nous, c'est parce qu'il n'y avait pas de dissension. Sinon ça aurait été insupportable et ça l'aurait blessée. » Il ne fallait pas s'opposer à elle... Ni tenter de la faire changer d'avis. Comme ce jour où elle arrive en classe avec un badge de Solidarnosc, le syndicat polonais en grève. Rachida sait déjà distinguer ce qu'elle veut de ce qu'elle refuse. Un trait de caractère qui ne va pas s'infléchir avec les années. Et qui ne l'empêche pas de se donner du bon temps. En classe avec Valérie, elles s'inventent un alphabet rien qu'à elles et balancent des craies par la fenêtre du premier étage pour faire des trainées de toutes les couleurs sur le trottoir. Si « magnétique » soit-elle, Rachida reste donc heureusement une petite fille comme les autres qui travaille bien, certes, mais sait aussi s'amuser. « Ce qui caractérise notre amitié, et que j'apprécie particulièrement, c'est que nous avons beaucoup, beaucoup ri, révèle Valérie. Nous tournions les choses en dérision. Notre vision du monde était peut-être plus réaliste que celle des autres. Nous savions ce que la vie avait de difficile, et préférions en rire. »

Gamine, Rachida apprend donc à positiver. Elle n'a pas eu besoin de longues années pour prendre la mesure de la fragilité économique de sa famille. Elle a compris que pour s'en sortir, il lui faudrait se battre. Or s'appeler Rachida, dans la France des années 1970, ce n'est pas une garantie de succès. Valéry Giscard d'Estaing est alors président de la République. Giscard, chic et moderne, entend réformer un pays qui ne sait pas encore, malgré le choc pétrolier qui l'a frappé un an plus tôt, que la parenthèse enchantée des trente glorieuses est en train de se refermer. Il va dîner chez des Français moyens, les « vraies gens », ou reçoit à l'Élysée, pour le petit déjeuner, des éboueurs maliens alpagués dans la rue. On s'en amuse, mais c'est sous son autorité, néanmoins, que la majorité électorale sera abaissée à 18 ans et l'interruption volontaire de grossesse - l'avortement - autorisée. Ministre de la Santé, Simone Veil défend le texte et entre dans l'histoire.

Même pas peur

Rachida, elle, entre en sixième. Chaque matin, elle passe chercher Valérie et toutes deux partent au collège à vélo. Cette même année 1977, les Dati déménagent à nouveau. Ils ont trouvé un F5 au quatrième et dernier étage d'un immeuble de la cité du Bout-du-Lac, qui vient enrichir la ZUP[3] des Prés-Saint-Jean, construite en 1966 sur de grandes terres maraîchères. Chalon est désormais moins loin, le quartier est calme, aéré d'espaces verts et l'appartement un petit peu plus spacieux. Mbark Dati s'est fait embaucher comme balayeur à l'usine Saint-Gobain. L'entreprise est prestigieuse, et le poste lui offre une stabilité à laquelle il aspire. Mais il exhorte ses enfants à réussir leurs études : c'est la condition, leur répète-t-il, d'un métier digne et épanouissant. Rachida a reçu le message. En classe, toute autre place que la première lui fait l'effet d'un échec. À 11 ans, elle cumule une volonté, une ambition et une énergie hors du commun. Petit coup dur : elle doit subir une appendicectomie. C'est une intervention bénigne, mais qui impose une semaine d'hospitalisation souvent douloureuse - surtout si l'on a le malheur d'éclater de rire. Le lendemain de l'opération, Mme Guérin, l'un de ses professeurs, lui rend visite à l'hôpital de Chalon. Stupéfaite, elle la trouve en train de se balader dans les couloirs.

— Vous m'apportez mes devoirs ? Super !

« C'était vraiment une très bonne élève, se rappelle Françoise Taillardat, qui lui enseigna l'allemand. En fait elle pouvait réussir sans bosser. Je pense qu'elle n'a pas toujours eu besoin de donner le maximum d'elle-même, car ses moyens intellectuels lui permettaient de réussir sans travailler autant que les autres. » Une personnalité forte, presque rebelle, qui pouvait la conduire à une certaine brusquerie si quelque chose la choquait. Elle s'agaçait ainsi souvent de la lenteur de ses camarades... « Je me souviens d'une confrontation avec M. Adolphe, le professeur de mathématiques, quelqu'un qui avait également un caractère bien trempé. Ni l'un ni l'autre n'ont voulu céder. Avec elle, la tension pouvait monter vite. Elle avait rarement peur. Une vraie battante... »

Rachida est en permanence dans la preuve ; preuve qu'elle peut être la meilleure alors qu'elle est différente ; preuve que les musulmans sont aussi intelligents que les catholiques ; preuve que les filles ont les mêmes capacités intellectuelles que les garçons. Avec un objectif farouchement ancré en elle : se faire une place dans cette société. À 12 ans, en cinquième, elle doit préparer un exposé sur le rôle des maires de France. Qu'à cela ne tienne : elle ira voir le sien. Voilà la gamine qui débarque, dictaphone à la main, chez Roger Lagrange[4], vieux militant SFIO, ancien vice-président de la Commission des affaires sociales du Sénat. L'homme qui a conquis la mairie de Chalon l'année même de la naissance de Rachida. Le courant passe tout de suite entre l'édile, ému par la démarche, et la brunette. Elle aura de quoi nourrir son exposé. Ce jour-là, elle comprend autre chose : rien ne sert d'avoir peur. Pour obtenir ce qu'on veut, il faut commencer par le demander. Et, bien souvent, la réponse est positive. Alors désormais, et pour longtemps, Rachida Dati va s'interdire les interdits. Quand Enrico Macias vient chanter à Chalon, elle ne se contente pas d'aller l'écouter : elle supplie une des choristes de l'artiste de l'aider à s'introduire en coulisse. Ça marche encore.

Ardeur, culot, curiosité : au Devoir, la fille de Mbark et de Fatim-Zohra veut aussi tout savoir de la religion de ses camarades. Dans un collège catholique comme celui-ci, on prie tous les matins - sans obligation. « Nous commencions notre classe avec une petite prière, ce n'était pas long mais c'est à ce moment-là que ça se passait », précise sœur Hélène, professeur d'anglais et de musique. Un moment de communion devenu très vite précieux au cœur de Rachida. Assister au catéchisme est également facultatif, mais elle n'en manque pas une minute. Elle est avide de comprendre, de connaître. Son esprit est semblable à un buvard qui, à force de s'imprégner, finit par doubler de volume. Elle n'oublie pas pour autant ses origines : le quotidien familial est là pour les lui rappeler. La famille Dati est croyante et religieuse. Pas intégriste. Les fêtes traditionnelles sont respectées, mais les filles se passent de voile. Elles étudient, on le sait, dans une école catholique. Elles sont entourées d'enfants de la bourgeoisie chalonnaise. Rachida voudrait que ses copines, à leur tour, comprennent sa religion. Elle s'intéresse aux autres, pourquoi les autres ne s'intéresseraient-ils pas à elle ? Démonstration lors du carême, la période de quarante jours qui précède la célébration la plus importante de l'agenda chrétien : Pâques. Aux élèves de quatrième, sœur Hélène demande d'imaginer une initiative particulière. Quelque chose qui soit en phase avec la solennité du moment.

« Le lendemain matin, Rachida lève le doigt la première. C'était ça, Rachida, toujours la main levée. Elle m'explique l'idée qu'elle a eue : nous lire chaque matin un verset du Coran. Je ne lui ai pas dit non, mais je lui ai demandé de penser à nous aussi. »

La religieuse pose les termes du marché.

— Il faut que toute la classe puisse en faire son profit. Les autres n'ont pas la même religion que toi, mais tu peux très bien leur apporter quelque chose. À toi de trouver comment...

Rachida ne demandait rien d'autre. Chaque jour elle va débarquer au collège avec une phrase tirée du livre saint de l'islam, une phrase dont la portée, universelle, pourra être comprise d'un catholique comme d'un musulman. Il y est question du jeûne, ou de la charité. Le pari est gagné. L'œcuménisme restera toujours sa première religion.

---

1. *Paris Match*, 31 mai 2007.

2. *Vivement Dimanche*, France 2, 7 juillet 2007.

3. Zones à industrialiser en priorité.

4. Roger Lagrange, 1913-2000, maire de Chalon-sur-Saône de 1965 à 1983

3

Aide-toi, le ciel t'aidera

« L'ambition, c'est la richesse des pauvres. »

Marcel Pagnol

Mbark Dati est un homme intelligent. Raide comme la loi, dont il est le dépositaire à la maison, mais perspicace. Syndiqué, il lit *La Vie ouvrière* et suit l'actualité de près. Avec ses aînées, de plus en plus souvent, il parle politique. S'il élève ses filles comme des garçons, s'il exige d'elles des notes au moins égales à 15, c'est qu'il voit la société évoluer à grande vitesse. Il devine que les femmes y tiendront demain une place prépondérante.

À l'usine, l'ouvrier digne et consciencieux a été remarqué par son chef d'équipe, qui a des origines italiennes. « C'était le seul de mes gars qui ne demandait jamais rien ! ». Emmanuel Mammoliti lui trouve une formation susceptible de lui permettre de devenir conducteur de machine. Mbark cache mal son émotion quand il rentre avec la bonne nouvelle. Ses filles sont folles de joie. « En donnant à mon père, écrira plus tard Rachida au bienfaiteur, vous nous avez donné à tous. Vous pouvez être fier. » Mbark Dati terminera sa carrière avec la médaille du Mérite. Une reconnaissance tardive pour un homme qui aura tout fait afin que sa famille ne manque jamais de rien.

Le clan s'est encore agrandi. Un petit bonheur en entraînant un autre, son nouvel emploi permet à M. Dati de louer deux pièces supplémentaires au même étage que l'appartement familial. Quand elle n'a pas cours, pendant que ses amies font du tennis ou de la danse - un art qui la fascinera toujours -, Rachida aide ses parents dans leurs démarches administratives, le ménage ou les courses. Elle assiste aussi frères et sœurs dans leurs devoirs scolaires. Le dimanche à la maison, on regarde la télé. L'ambiance est souvent gaie, surtout côté Fatim qui possède un joli brin de voix et connaît de mieux en mieux le répertoire de la chanson française. Elle est très Joe Dassin. Mbark, lui, préfère Nicoletta. Le silence est rare, comme souvent dans les foyers modestes où le brouhaha rassure. Parfois maman raconte sa guerre, en Algérie, quand elle devait se cacher dans les caves de Ghazaouet, alors Nemours, pour se protéger des attentats. Elle a des doigts de fée aussi, pour habiller, l'aiguille à la main, sa petite famille.

Bientôt la cadette passe en première. Au lycée Mathias, la perspective du bac de français l'occupe moins, en vérité, que son projet du moment : gagner de l'argent. D'abord, pour contribuer à l'amélioration des ressources familiales ; ensuite, pour s'en aller. Sortir de la cité. Le centre commercial, la maison de quartier, l'amicale des locataires, les paraboles sur les balcons... ce ne sera pas son futur. La vie qu'elle veut est ailleurs, elle le sait, loin de ces immeubles montés comme des piles au milieu de nulle part. Deux ans plus tôt, dans une rédaction, elle a écrit qu'elle voulait devenir ingénieur en chef. Aujourd'hui, elle se verrait bien faire médecine. D'ici là, donc, bosser les sciences nat', la biologie. Mais surtout partir, dès que possible, sans rompre pour autant. Elle ne veut pas fuir, mais seulement se sentir libre de vivre sa vie.

Aller plus haut

10 mai 1981. François Mitterrand a enfin réussi à convaincre une majorité de Français qu'il a sa place à l'Élysée. Il y accède, avec la gauche, porteur d'un immense espoir. Car en dix-sept ans, depuis qu'il a mis le Général en ballottage, l'époque a changé d'avenir. Il y a de la mutation dans l'air. La place de l'homme dans le système productif s'est réduite comme peau de chagrin. Le nombre des demandeurs d'emploi n'a

cessé d'augmenter. Pour préserver le standing des uns, le chômage des autres est de plus en plus considéré comme un mal nécessaire. Le rideau de fer ne s'est pas encore levé, on ne parle pas encore explicitement de mondialisation ni de délocalisations mais à coup sûr de crise, et bientôt de rigueur. En attendant la gauche nationalise (Saint-Gobain compris) dévalue le franc et abolit la peine de mort. Le gouvernement de Pierre Mauroy, dans un même élan généreux, procède à une régularisation massive d'immigrés sans papiers et invente le ministère du Temps libre. Pendant que dans son petit lit, la nuit, quand tout le monde dort, Rachida, qui ne sait pas trop ce que c'est, le temps libre, prépare son évasion.

Ce n'est pas qu'elle se sente captive, ni hostile à ce cadre familial qu'elle chérit et qui l'aime tendrement. Qu'il lui coûte même tant de quitter quelques jours... C'est juste qu'elle a des ailes pour voler loin, et haut. Elle est pressée.

Elle se souvient qu'à 14 ans elle était déjà passée à l'action. Avec succès. Sur les conseils d'une copine, elle était allée frapper à la porte de l'entreprise Avon, qui commercialise des cosmétiques par des circuits de vente directe. Elle était gonflée à bloc.

— Dans la cité, tout le monde me connaît ! Vous pouvez me faire confiance : je suis la personne idéale pour placer vos produits !

L'audace paya. Les boîtes d'*eye-liners* et de rouges à lèvres sous le bras, elle se lançait dès qu'elle avait cinq minutes dans un ébouriffant porte-à-porte. Plus elle en vendait, plus elle touchait de commissions. Étrangement Rachida n'en parla pas à Valérie mais mit sa mère dans le coup : elles se partagèrent le quartier. Au bout de quelques mois, le bouche-à-oreille fonctionnait parfaitement. Les commandes affluaient, le bagout faisait son œuvre. Les clientes l'arrêtaient même en pleine rue pour lui demander un réassortiment. Avon était content, Rachida aussi. Un jour, elle invita Valérie à une petite fête. « En réalité, c'était la soirée qui couronnait la meilleure vendeuse du département. Et la meilleure vendeuse de Saône-et-Loire, c'était Rachida... Tout le monde l'ovationnait. Elle était très fière. »

Pour un premier boulot, il y avait de quoi être encouragée. Alors d'autres vont suivre. Baby-sitter. Caissière à Intermarché le dimanche matin avec Valérie. Animatrice de centre aéré. Vendeuse de glaces ou de saucissons chez Prisunic. Pour les entretiens d'embauche, elle se partage une garde-robe de circonstance avec quelques copines. Il faut arriver stylée. Les jupes plissées de l'école, les serre-tête et les ballerines vernies dont elle raffole, elle devra se faire violence pour y renoncer. Au-delà des quelques centaines de francs qu'elle parvient à récolter ainsi, Rachida retire de ces expériences très concrètes la confirmation de ce qu'elle pense intimement : si elle veut être libre, et reconnue, elle n'a pas d'autres voies que le travail et l'action.

« C'était une vraie bosseuse, se souvient Valérie. Je ne sais pas comment elle faisait pour concilier ses différentes activités. Ou plutôt si, je le sais : elle ne dormait pas beaucoup. » Valérie, alors, est amoureuse : en seconde, elle a rencontré le garçon qui deviendra le père de ses enfants. Leur mariage sera célébré par Dominique Perben, maire (RPR) de Chalon de 1983 à sa nomination au ministère de la Justice en 2002. Très tôt, Rachida réussira à se brouiller avec son nouveau maire. Son tempérament ne lui fait pas que des amis – et peu d'amants recensés : elle a d'autres priorités. Et toujours fort peu de « temps libre ». Mais elle ose, encore plus. Grâce à son père, elle se procure l'organigramme international de Saint-Gobain et envoie au patron de la branche américaine une demande de stage de deux mois à New York. « Mon seul argument, confiera-t-elle en souriant au *nouvel Observateur*, c'était que je parlais l'anglais [1]. » Pas de réponse. La technique Dati se rode.

En 1983, l'année du grand tournant économique de la France, l'année du « réalisme », elle passe son bac et l'obtient sans difficulté. Comme elle l'avait d'abord souhaité, elle s'inscrit en médecine à l'université de Dijon. Mais cette période de bachotage désincarné et de concurrence infantile la déçoit. Elle songe à bifurquer. Le droit l'attire. Son père lui recommande l'économie. Trop d'avocats au chômage, pense-t-il. Alors elle ne choisira pas et s'inscrira dans les deux matières, toujours à Dijon. Elle trouve une petite chambre en ville mais, dès qu'elle en a la possibilité, revient à Chalon. À 70 kilomètres quand même. Elle décroche un boulot à la clinique Sainte-Marie. Au culot. Elle frappe directement à la porte de Pierre Deliry, le directeur de l'établissement, qui, désarçonné par l'ardeur de la jeune inconnue, finit par lui proposer des gardes de nuit. « Je ne vous ferai pas faire le ménage, promet-il, mais je vous apprendrai un métier. » Elle sera aide-soignante. Trois ans de travail entre 1984 et 1987, à jongler avec l'horaire des cours, celui des trains, et toujours les frangins et frangines à surveiller d'un œil.

Ces trois années en blouse verte, à refaire les pansements ou vérifier les perfusions, lui offrent un voisinage rugueux avec les réalités de la vie. L'expérience conforte sa solidarité instinctive avec la faiblesse et la souffrance ainsi approchées au plus près. Surtout la nuit, quand les visiteurs sont partis et que les infirmières confient à la télé le soin d'occuper les malades qui ne dorment pas. Mais dès qu'elle le peut, elle se plonge dans les magazines qui traînent en salle d'attente. Elle continue d'étudier ainsi, avec une minutie d'entomologiste, le paysage politique, économique, institutionnel de son pays. Qui sont les hommes qui comptent ? Qui a le pouvoir et qui s'en sert ? Pour en faire quoi ? Quels sont les bons cursus ? Qui est à voir et à connaître ?

« Votre mentalité secrète, le goût du mystère et de l'investigation, orientent votre intellect vers la recherche. Vous fouillez, décryptez, creusez et sondez avec beaucoup de patience. » Même les étoiles le disent...

Si elle aspire à devenir quelqu'un, il va lui falloir provoquer la chance. Elle a 20 ans et son destin entre les mains. Mais comment faire ? L'argent ne lui déborde pas des poches et celui qu'elle gagne sert surtout à financer les allers-retours Chalon-Dijon, à se nourrir et à aider ses frères et sœurs. La question revient sans cesse et l'obsède vite : comment faire ? Comment sortir la tête de l'eau et être aperçue ?

Pour ne rien arranger, le Front national de Jean-Marie Le Pen, instrumentalisé par François Mitterrand dans l'espoir de diviser la droite, gagne du terrain à chaque élection locale. En ces temps de désillusion idéologique, la précarité sociale et la hantise de l'« exclusion », un terme en vogue, alimentent l'ambivalence des Français dits de souche à l'égard de leurs compatriotes récemment installés. Les Belges dès le XIXe siècle, les Italiens et les Polonais en leur temps en ont fait la douloureuse expérience : l'étranger est l'exutoire idéal de toutes les inquiétudes. À la périphérie des grandes villes, dans les cités, le tissu social, lentement, commence à se déliter. Les fermetures d'usine et les licenciements attisent les tensions. L'été 1983 marque même une augmentation alarmante des actes racistes ; à la veille du 14 juillet, le petit Toufik, 9 ans, est abattu à La Courneuve par un ouvrier exaspéré.

Les enfants d'étrangers, en ce milieu des années 1980, ont le cœur et l'âme écartelés entre deux mondes, deux langues, deux cultures. Alors ils vont s'inventer une identité : à la suite d'émeutes spectaculaires consécutives à des violences policières, des habitants de la ZUP des Minguettes à Vénissieux, dans la banlieue lyonnaise, décident d'organiser une « marche pour l'égalité et contre le racisme ». Partis anonymes de Marseille le 15 octobre 1983, ils atteignent Paris le 3 décembre dans une ambiance triomphale. Une génération se met en scène, accueillie avec chaleur par ses frères d'âge au teint plus pâle. Beaucoup de mobylettes dans le cortège : les beurs marchent au mélange. Ils sont 60 000 qui reprennent en chœur : « Première, deuxième, troisième génération, nous sommes tous des enfants d'immigrés ! » François Mitterrand reçoit à l'Élysée les leaders de ce qu'on appellera désormais la « marche des beurs ». Rachida a alors 18 ans. À l'époque, elle juge la démarche intéressante, mais ne trouve pas le temps ni l'envie de s'y associer. « J'avais une condition sociale à dépasser, une vie à bâtir, des études, du travail à chercher, je n'étais pas dans un besoin de reconnaissance culturelle [2]. »

Mitterrand annonce la création d'une carte unique de dix ans qui remplacera les cartes de séjour et de travail.

Le pays, assure-t-il, fera désormais du développement des quartiers une « priorité nationale ». Le porte-parole médiatique de SOS Racisme, Harlem Désir, un ancien de la Ligue communiste révolutionnaire - très assagi -, se retrouve invité par les grandes émissions politiques de la télévision, comme « L'Heure de vérité ». Mais Jean-Marie Le Pen aussi, plus souvent encore.

---

1. *Le nouvel Observateur*, 12 juillet 2007.

2. *Je vous fais juges*, Entretien avec Claude Askolovitch, Rachida Dati, Grasset, 2007.

4

Beurette en marche

« Mes amis, je dois m'en aller
Je n'ai plus qu'à jeter mes clés
Car elle m'attend depuis que je suis né
L'Amérique
J'abandonne sur mon chemin
Tant de choses que j'aimais bien
Cela commence par un peu de chagrin
L'Amérique
Mes amis, je vous dis adieu
Je devrais vous pleurer un peu
Pardonnez-moi si je n'ai dans mes yeux
Que l'Amérique

Je reviendrai je ne sais pas quand
Cousu d'or et brodé d'argent
Ou sans un sou, mais plus riche qu'avant
De l'Amérique »

Pierre Delanoë, Joe Dassin, « L'Amérique »

1987. Rachida passe ses semaines à Paris - enfin ! -, où Valérie l'a précédée avant de retourner en Bourgogne. Inscrite en droit public et en économie à l'université d'Assas, au cœur du Quartier latin, elle vit chichement des gardes qu'elle poursuit le week-end à la clinique Sainte-Marie de Chalon et à Chenôve, près de Dijon. Côté finances, elle frise le funambulisme. Lorsqu'on lui demande de s'occuper du standard ou des admissions, il n'est pas question de refuser.

Assas, c'est une autre atmosphère. La faculté est réputée pour abriter la frange la plus active des mouvements de jeunesse d'extrême droite, comme le GUD et le GAJ. « Les Arabes à la mer », sur les murs, ça n'a rien de très nouveau ici. Mais Rachida, ça la secoue toujours. Le Front national est entré en force à l'Assemblée : la gauche a modifié le mode de scrutin afin de l'y aider. Florentine stratégie qui voit l'État socialiste, pour garder l'Élysée, encourager à la fois le FN et SOS Racisme. En décembre 1986, la mort brutale du jeune Malik Oussékine, tabassé par des policiers lors des manifestations étudiantes contre la loi Devaquet (qui tente d'introduire davantage de sélection à l'université), continuera de cimenter la fraternité générationnelle des moins de 25 ans, toutes couleurs confondues. Le mot d'ordre « Touche pas à mon pote », la petite main jaune en badge, les grands concerts à la Concorde et à la Bastille traduisent une réalité nouvelle qui survivra au lyrisme momentané : dans son miroir matinal, qu'elle s'en réjouisse ou pas, la France n'a pas fini de se découvrir « black-blanc-beur ». Quelques « fils d'immigrés », à l'image d'Azzedine Alaia ou de Rachid Bahri, inspirent la mode et la chanson. Smaïn imite Montand et le groupe Carte de Séjour, emmené par Rachid Taha, enflamme les minettes du XVIe avec sa reprise du « Douce France » de Charles Trenet.

La France est douce mais certains jours Paris est dur quand on a 22 ans et qu'on voudrait tellement être plus loin, plus calme. Cesser un peu de courir. Si les coups de spleen ne durent jamais longtemps, Rachida n'y échappe pas.

« Ça se passe boulevard Haussmann à cinq heures
Elle sent venir une larme de son cœur
D'un revers de la main elle efface
Des fois on sait pas bien c'qui s'passe. »

Avec l'« Ultramoderne solitude », Alain Souchon, qu'elle vénère, a décidément tout compris. D'ailleurs la nuit elle lui écrit. Des lettres de fan élégantes, des lettres du fond du cœur. Le tendre frisé lui répondra, souvent. Pire ! Un jour où elle déjeune du côté de la fac, elle l'aperçoit à une terrasse, juste derrière elle. En fait ils sont « voisins ». Rosissante comme jamais, elle n'osera pas aller lui parler. Elle continue de préférer la voie épistolaire, qu'elle réserve également au chef d'orchestre Jean-Claude Casadesus. À Adolphe Dhrey, réalisateur de télévision et pétri d'humanisme, elle écrit aussi régulièrement. Tout comme à Jean-Louis Bianco, alors secrétaire général de l'Élysée, ou encore à Martine Aubry ou à Jacques Rigaud, ancien président de RTL. Elle écrit, elle écrit, elle écrit et elle écrit encore. Si Internet avait existé, elle aurait probablement inventé le « datispamming ». Statistiquement, ça finit toujours par payer. Quand ses courriers obtiennent une réponse, Rachida se sent confortée dans sa démarche. Répondre et promettre, après tout, ont la même racine : la *sponsa* en latin, qui donnera l'épouse, c'est bel et bien la promise. Rachida, à travers ses correspondances avec les hommes illustres, commence à se sentir exister. Bien plus tard, le magazine *Elle* pensera avoir identifié l'une des clés de la stratégie rachidienne : c'est *Working Girl*, le « film culte des cadrettes », où Mélanie Griffith n'hésite pas, pour réussir, à forcer la porte des gens importants.

Née un 5 novembre

À la rentrée, en 1987, feuilletant un magazine à la clinique, Rachida apprend que la fête algérienne de l'Indépendance et de la Jeunesse fera l'objet d'une célébration particulière à l'ambassade d'Algérie. Le moment est venu de mettre à profit les soirées passées à chercher la recette du succès, les nuits blanches à éplucher le *Who's Who*. Elle écrit donc – une lettre de plus – pour solliciter l'honneur d'être conviée à cette fête de la Jeunesse. Après tout, sa maman n'est-elle pas algérienne ? L'ambassade, séduite, lui accorde une invitation. L'incroyable histoire de Rachida Dati commence vraiment ce jeudi 5 novembre.

Elle a rendez-vous rue de Castiglione, dans le Ier arrondissement. À l'hôtel Intercontinental, tout près de la place Vendôme. Pincement au cœur. Il y a foule. Sous les dorures, des personnalités en pagaille. L'Algérie et la France, c'est une vieille histoire. Rachida, comme une petite souris dans sa jolie robe noire à épaulettes, se glisse parmi les cafetans et les smokings mêlés. Un spectacle vivant se joue devant ses yeux éblouis. Ça y est. Elle y est. La première phase de l'opération « infiltration » a réussi.

Tout de suite elle reconnaît Roger Hanin. L'acteur préféré de sa mère ! Le héros du *Coup de sirocco*. « Navarro ». Le « téléflic » le plus célèbre de France est né en Algérie. Par son mariage avec Christine Gouze-Rénal, sœur de Danielle Mitterrand, le chaleureux Roger compte aussi comme beau-frère le président de la République. Ébahie, Rachida ne se démonte pas, l'aborde de front. Vingt ans plus tard, ils sont encore amis. Mais ce soir d'Indépendance, elle ne va pas en rester là. On vient d'annoncer l'arrivée d'Albin Chalandon. Elle reconnaît la haute stature et le sourire charmeur : « clin d'œil de la vie », confiera-t-elle plus tard, elle vient juste de lire dans *Le Figaro* un portrait élogieux de celui qui est alors garde des Sceaux dans le gouvernement de cohabitation dirigé par Jacques Chirac. « Albin... C'est joli comme prénom. Papa, tu le connais, ce Chalandon ? [1] » Papa lui en a dit trois mots et hop, voilà qu'elle le rencontre, Albin, à la soirée de l'ambassadeur. Clin d'œil de la vie.

Le bel Albin est galant homme. Et il a des yeux pour voir. La louve brune qui vient de surgir derrière le plateau de petits-fours n'est pas de celles qu'on toise et qu'on ignore superbement. D'autant qu'elle-même a de ces yeux... Un poème andalou dit que si le regard de la femme ne se pose pas sur l'homme, celui-ci n'existe pas. À cet instant précis, le vieux baron du gaullisme se sent exister comme rarement. Vingt ans après, Albin Chalandon, qui porte toujours beau, ne se lasse pas de raconter cette rencontre avec celle dont il est loin d'imaginer qu'elle lui succédera un jour place Vendôme. Il évoque son « émerveillement » et son « émotion ». Revoit encore « cette petite bonne femme aux cheveux noirs » qui fonçait droit sur lui. « Étant donné mon âge, elle ne voulait pas me draguer, raconte-t-il. Elle avait donc quelque chose d'important à me dire. Je l'ai écouté[2]. » Rachida avait certes un objectif : se faire inviter à déjeuner. « Je ne lui ai pas laissé le choix, avoue-t-elle. Je tenais vraiment à lui faire comprendre qui j'étais et ce n'était pas évident lors d'une réception comme celle-là. » Pour être sûre d'être invitée et de pouvoir le revoir, elle pense à tout. Et insiste auprès de Chalandon sur le barrage que ses secrétaires ne manqueront pas de lui opposer lorsqu'elle téléphonera. Albin lui donne donc son adresse personnelle. Dès le lendemain, elle lui écrit. Dans cette lettre, elle lui dit qui elle est, d'où elle vient et ce qu'elle veut : qu'il l'aide à trouver un stage en entreprise. Albin

Chalandon est touché. Le rendez-vous aura lieu en tête à tête et dans une quasi-clandestinité.

Pour honorer l'invitation, elle sèche ses cours. Mais arrivée place Vendôme, douche froide : on la refoule ; elle n'est pas attendue. Personne n'a été prévenu d'un quelconque déjeuner du ministre avec une demoiselle Dati. Un instant elle sent ses jambes flageoler... mais elle se reprend vite. Elle fait appeler la secrétaire particulière du garde des Sceaux.

— Mille excuses ! J'ai oublié de prévenir l'accueil ! Entrez, mademoiselle, je vous en prie, Monsieur le Ministre vous attend.

Ouf... Dans les miroirs vertigineux que lui tendent les salons de l'hôtel de Bourvallais, elle se reconnaît sans peine. C'est bien elle, Rachida, qui foule à pas feutrés les épais tapis de la chancellerie. Le garde des Sceaux ne se fait pas attendre, et apporte même un « cadeau » à son invitée : l'œuvre d'économie politique de Raymond Barre... Rachida apprécie mais ne se laisse impressionner ni par l'émotion ni par la magnificence des lieux. Encore moins par les gambas du déjeuner. Très vite, elle demande à son hôte de lui dénicher ce fameux stage quelque part. La jeune diplômée est convaincante et le ministre envoûté « par un je-nesais-quoi qui émanait d'elle, son énergie... ». Il propose de lui « mettre un pied à l'étrier [3] ». Il précise quand même : « Mais vous me prouverez que vous pourrez mettre l'autre. » Un tel défi ne se refuse pas.

« Je me souviens du moindre détail de ce premier rendez-vous, raconte-t-elle. Je lui dois tout. Mes parents m'ont donné la vie. Il m'a donné un brevet d'existence sociale [4]. »

De fait, Albin Chalandon lui propose de travailler chez Elf Aquitaine, qu'il dirigea de 1977 à 1983. Une époque délicate marquée par le scandale des « avions renifleurs », fondé sur le financement d'aéronefs révolutionnaires censés favoriser le repérage des gisements de pétrole. La Cour des comptes dénoncera dans un rapport sévère la gestion négligente qui fut à l'origine de cette affaire politico-financière. Mais quatre ans ont passé et l'affaire a été oubliée. Fraîchement sortie de terre, la tour Elf, alors la plus haute du parvis de La Défense, tend les bras à Rachida.

Cette fois elle déménage pour de bon, de Dijon à Paris, dans une petite chambre du VIIe arrondissement située rue de... Bourgogne à quelques mètres de l'Assemblée nationale. Embauchée le 1er janvier 1988, elle travaille au service comptabilité de la direction financière d'Elf Aquitaine. Elle n'y restera que trois ans mais vouera une reconnaissance éternelle à son bienfaiteur. « J'aime Albin Chalandon. Je l'aime d'amour - je ne parle pas d'un sentiment amoureux, évidemment, mais de quelque chose de très fort et d'inestimable[5] ».

Rachida est propulsée dans le monde des sociétés du CAC 40, là où des marchés planétaires se négocient, où des stratégies politiques décisives se font et se défont, où le monde se construit. Elle est au cœur d'un de ces lieux de pouvoir qu'elle a toujours rêvé de pénétrer. Et à partir de cet instant, tout va se précipiter.

---

1. *Le Point*, 14 juin 2007.

2. *L'Express*, 25 octobre 2007.

3. *Le Monde*, 24 mai 2007.

4. *Vivement Dimanche*, France 2, 7 juillet 2007.

5. *Je vous fais juges*, Entretien avec Claude Askolovitch, Rachida Dati, Grasset, 2007.

5

Le temps des rencontres

« Tout ce qui existe dans l'univers
est le fruit du hasard et de la nécessité. »

Démocrite

Être français en 1987... et demain ! Vaste question, qui n'a pas fini d'occuper les esprits. C'est justement parce que la thématique est brûlante qu'Albin Chalandon, garde des Sceaux, a recommandé à Marceau Long cette stagiaire d'origine marocaine, « si attachante », on peut le croire sur parole. Et méritante. « Une jeune femme qui fait de gros efforts afin de devenir quelqu'un. »

Marceau Long est alors vice-président du Conseil d'État. Ancien secrétaire général de l'Élysée auprès de Valéry Giscard d'Estaing puis de François Mitterrand - une singularité -, il connaît la République et ses arcanes comme personne. Il est aussi, à l'époque, président du Haut Conseil à l'intégration. La mission le rapproche étroitement de la chancellerie, d'autant qu'il présidera entre juin 1987 et janvier 1988 la Commission de la nationalité, chargée de rédiger ce rapport qui fera date, « Être français aujourd'hui et demain ». À ses côtés, des historiens, des artistes, des sociologues comme Hélène Carrère d'Encausse, Dominique Schnapper (fille du philosophe Raymond Aron), Emmanuel Leroy-

Ladurie, Alain Touraine, Henri Verneuil, entre autres sages qui auditionneront sur le sujet des personnalités aussi différentes que Léopold Sédar Senghor, ex-président du Sénégal, Tahar Ben Jelloun, écrivain, Alain Finkielkraut ou Harlem Désir.

« En fait je n'ai même pas eu à prendre contact avec elle car elle a très vite téléphoné, s'amuse Marceau Long. Elle m'a appelé un jour au Conseil d'État. C'est là qu'ont débuté nos relations. » Le sage Marceau parvient rapidement au même diagnostic que son ami Albin : les opérations comptables, chez Elf ou ailleurs, ne passionnent guère la jeune Rachida. « Il est manifeste que jamais ces fonctions n'ont présenté pour elle de véritable intérêt. »

La première fois qu'elle rend visite à Marceau Long, elle n'a pas le poil luisant comme aujourd'hui. « C'était une fille comme on en voit sur les marchés, dans la vie de tous les jours, avec un jean foncé et un chemisier sans manières, les cheveux bien coiffés. Elle assumait qui elle était, loin de la lumière dans laquelle elle baigne désormais. Cela m'était très sympathique. » Rachida sollicite des conseils. Comment continuer d'avancer ?

« Elle n'était pas timide, mais très extravertie au contraire, sans jamais se départir de son humilité. Je ne sais pas si elle mangeait tous les jours à sa faim, car elle devait faire face non seulement à ses problèmes mais aussi à ceux de sa fratrie. Elle rencontrait certainement beaucoup de difficultés financières. En même temps, elle cherchait toujours la voie par laquelle elle pourrait arriver à en sortir. »

Les murs tombent

L'ambition de Rachida Dati est débordante, ce n'est plus un mystère. Elle assume. Elle sait ce qu'elle veut. Ses journées chez Elf l'accablent par leur monotonie. Répétitives, et tellement prévisibles. Elle se trouve trop jeune pour s'encroûter à la direction financière d'une multinationale, si prestigieuse soit-elle. Ce ne sera donc qu'une étape. Une étape importante car Rachida se familiarise, en les explorant de l'intérieur, avec les rouages d'une entreprise particulière. Elf Aquitaine n'a pas encore été avalée par Total, qui tentera de lui restituer une virginité morale quelque peu mise à mal par les affaires passées, en cours et à venir. Elf est toujours le navire amiral puissant et silencieux que le général de Gaulle avait lancé pour assurer la « grandeur » de la France en Afrique après la décolonisation, et maintenir à l'Hexagone un accès privilégié à cette ressource stratégique qu'est le pétrole ; entre autres missions plus confidentielles dont l'opacité ne sera peut-être jamais levée. Au cœur de cette immense machine, Rachida ne se sent pas elle-même. Elle étouffe, on l'a dit, dans sa mission comptable, rébarbative au possible. Si encore elle avait à gérer les fonds secrets ! Mais on ne lui fait pas encore confiance à ce point.

Pour ne pas se laisser distancer par l'actualité, elle poursuit sa lecture méthodique de la presse, histoire d'y déceler, comme toujours, les noms de ceux qui comptent. « Elle ne voyait pas que moi ! confirme Marceau Long. Son agenda était copieusement garni : elle avait le don, en lisant les journaux, de deviner les gens qui perçaient ou perceraient. Elle cherchait alors à se faire connaître d'eux le plus vite possible. Elle avait vraiment un flair particulier pour ça. »

Rachida multiplie donc les contacts. À chaque rencontre, elle picore quelques conseils supplémentaires en fonction de ce qui lui semble le plus approprié au développement de sa carrière. Les jeunes femmes d'origine maghrébine ou subsaharienne sont nombreuses dans son cas à tenter d'échapper au carcan de leur condition d'enfant d'immigrés. La France les observe du coin de l'œil, souvent admirative - il est vrai qu'elles sont toujours courageuses et parfois rayonnantes : l'impétueuse beauté de Rachida n'impressionne pas que les hommes. Mais la France est lente, comme dirait Souchon. Un peu guindée. Il lui arrive de rester longtemps sur son quant-à-soi avant de se dérider ; la bienveillance et les « Plans Jeunes », tout le monde est pour, mais de là à passer aux actes en proposant à ces néocitoyennes à la peau mate de vrais boulots intéressants et gratifiants... Dix-sept ans plus tard, on en sera encore à créer une Haute Autorité de lutte contre les discriminations (Halde) pour encourager les milieux économiques à élargir l'horizon de leurs recrutements. C'est dire si en 1987, le pari de toutes les Rachida n'est pas gagné.

La petite Dati, en revanche, a pour elle sa force de caractère, cette volonté qui frappe ses interlocuteurs, les trouble parfois. On doit l'accepter telle qu'elle est. Elle a beaucoup lu, beaucoup écrit, maintenant elle téléphone. Beaucoup aussi. À la limite, souvent, d'exaspérer ses cibles.

« J'ai perçu cette volonté peu commune avant même de la rencontrer, ajoute Marceau Long. Par la fréquence et la tonalité de ses coups de fil. J'avais beaucoup de travail, et j'étais quelquefois agacé du siège téléphonique dont je faisais l'objet. Elle, de son côté, me répétait : "Je téléphone pour qu'on ne m'oublie pas." Elle trouvait toujours un prétexte pour demander un entretien. Je dois avouer qu'à cette époque, au regard des fonctions que j'exerçais, Rachida représentait un merveilleux exemple d'intégration et de réussite possible. »

Nouveau clin d'œil du thème astral : « "Ce qui est dit est dit" pourrait être votre devise, car vous avez horreur de rebrousser chemin, même si vous vous méprenez. En conséquence on peut vous trouver d'un tempérament un peu borné ou même obtus. »

Fuite en avant ou aveuglement, la fin des années 1980 célèbre alors l'individu, la performance, la frime. Elle ne trouve pas mieux, comme emblème de ses nouvelles « valeurs », que Bernard Tapie, tour à tour chanteur yéyé, repreneur d'entreprises en déroute, président de l'OM, ministre de la Ville de François Mitterrand et taulard. En 1989, la commémoration du bicentenaire de la Révolution française est confiée par Jack Lang, ministre de la Culture, à un créatif chic et choc, Jean-

Paul Goude. Exaltation du métissage, son défilé du 14 Juillet, aux accents très publicitaires, se déroule en même temps que le sommet des États les plus riches de la planète. Moins les politiques ont d'idées, plus ils organisent de fêtes qui se substituent au lien social que la vie professionnelle ne façonne plus, faute de place pour tout le monde. C'est aussi au début de l'été 1989 que les autorités chinoises répriment avec violence les manifestations étudiantes de la place Tienanmen. Nul ne bronche côté Ouest, de peur de déplaire à un partenaire commercial potentiellement inépuisable. L'année 1989 est décidément une année charnière. L'Empire soviétique est en voie de dislocation, le mur de Berlin tombe en novembre, réunifiant l'Allemagne, l'Europe, le monde libre. L'Occident et le capitalisme n'ont plus d'ennemi officiel même si, discrètement, le fondamentalisme islamique tisse sa toile sur les décombres de la guerre froide. Mais à douze ans du 11 septembre, le fric est roi. La finance prend le pas sur l'économie. La vitesse, l'ubiquité numérique, l'argent facile sont promis aux combatifs, aux réactifs, aux flexibles. Les autres, les déprimés, les mal partis, les *losers*, on commence à les enfermer dans des statuts que n'aurait pas reniés l'Ancien Régime : chômeurs ou SDF.

En ces temps schizophréniques, il faut maintenir, à tout prix, le moral des troupes. C'est tout juste si les murs des mairies ne placardent pas des affiches « On demande des exemples d'intégration réussie ». Rachida tombe bien. D'autant que la même année, en 1989, l'affaire de Creil pose la question de l'immigration en des termes inédits. Fatima, Leila et Samira, 14 ans, scolarisées dans la petite ville ouvrière picarde, refusent d'ôter leur foulard islamique à l'intérieur du collège. C'est le visage voilé qu'elles arrivent en classe, alors même que les valeurs laïques de la Révolution tournent en boucle dans les journaux, sur toutes les lèvres et sur tous les écrans. L'exclusion des trois adolescentes suscite un débat passionnel dans l'ensemble du pays. Il faut une intervention d'Hassan II, roi du Maroc, d'où sont originaires deux des jeunes filles, pour qu'elles acceptent de se dévoiler ; la troisième, d'origine franco-tunisienne, consent à serrer sa chevelure dans une résille. La tempête se calme. Lionel Jospin, ministre de l'Éducation nationale, choisit de ne pas choisir et de se ranger à l'arrêt du Conseil d'État : le 27 novembre, le jour des 24 ans de Rachida qui suit l'affaire avec assiduité du haut de la tour Elf, les sages du Palais-Royal laissent aux chefs d'établissement la responsabilité d'accepter ou non le foulard dans leurs murs. Une décision qui renvoie le traitement du problème aux calendes grecques.

Ancien journaliste au *Monde*, Paul Balta se rappelle la jeune fille qui était venue assister à une de ses conférences sur l'islam et avait sollicité, comme elle le fait toujours, un rendez-vous particulier. « Elle avait un discours très cohérent, parlait une belle langue, bien plus que mes étudiants du Centre de formation des journalistes ! Elle était obsédée par ses études. Elle ne savait pas où se loger. Elle n'avait pas les moyens. J'ai trouvé ça très sympathique. Nous vivions alors dans une grande maison en banlieue. Nous avions une fille du même âge. Alors nous lui avons proposé de s'installer chez nous [1]. » Pendant un an, Rachida a donc partagé la vie de la famille Balta. Une expérience de plus. Une famille d'accueil. Mais la vraie famille n'est jamais loin : en 1989, Malika, son aînée, se voit décerner le prix de la vocation Marcel Bleustein-Blanchet, créé en 1960 par l'ancien président de Publicis. « Un organisme privé destiné à encourager toutes les vocations et à aider les jeunes qui, faute d'appui matériel, sont freinés dans les efforts qu'ils déploient pour s'accomplir dans un métier choisi », précise la Fondation aujourd'hui dirigée par Élisabeth Badinter, fille du premier publicitaire de France.

Si Lagardère ne vient pas à toi...

La soirée de gala, somptueuse, se déroule avenue de Wagram, au théâtre de l'Empire. Là où Jacques Martin enregistre ses émissions du dimanche après-midi. Les Dati sont tous là. Émotion. C'est François Mitterrand, président de la République, qui remet à Malika le chèque réservé au lauréat. Malika voulait devenir professeur : elle enseigne aujourd'hui dans un lycée de Nancy. Parmi les invités, de nombreuses personnalités. Dont Simone Veil. Et le fringant Bernard Kouchner, ministre de la Santé. Rachida n'hésite pas.

— Je peux venir vous voir ?

— Euh... Oui, bien sûr... En quoi puis-je vous être utile ?

— J'aimerais bien travailler dans un cabinet ministériel.

— Eh bien, euh... laissez-moi déjà votre carte, voici la mienne.

— Merci, je viendrai vous voir au ministère, si vous êtes d'accord.

Quelques jours plus tard, elle réitérera sa demande par courrier en y joignant la photocopie de la *business card* de Kouchner, histoire de lui rafraîchir la mémoire. Elle sera donc reçue au ministère.

Mais au théâtre de l'Empire, ce soir, il y a aussi un certain Jean-Luc Lagardère. L'un des premiers industriels français par la diversité de ses activités - vente d'armes et communication. Rachida l'a repéré immédiatement. De toute la soirée, même en parlant avec Kouchner, elle fera l'impossible pour ne pas le perdre de vue. Au moment où il s'apprête à quitter la salle, elle fend la foule et fond littéralement sur Lagardère. C'est l'opération Chalandon, avec un peu plus de métier. Quelques minutes suffisent à décontenancer le capitaine d'industrie.

— Je rêve de travailler pour vous !

— Euh... oui, merci, c'est très gentil à vous, mais... pouvez-vous m'en dire un peu plus ?

Sa franchise et son aplomb permettent à Rachida de glisser un pied dans la porte. Son magnétisme fera le reste. À 24 ans mieux encore qu'à 22, elle a le don de donner à celui qui lui fait face le sentiment qu'il lui est essentiel. Son vocabulaire est choisi, ciselé à l'exemple des grands textes qu'elle affectionne, signés Balzac, Zola, Hugo. Le Gascon est séduit.

— Je n'ai aucune raison de me priver de quelqu'un comme vous.

Et voilà le travail. Moins d'un an plus tard, il l'engage comme auditrice chez Matra Communication et propose de lui financer un MBA (*Master of Business Administration*). Elle accepte au pied levé, ravie de quitter enfin la tour Elf. Ce n'est pas que le job d'auditrice la transporte : l'activité est toujours dédiée à l'examen des comptes de l'entreprise. Mais le MBA qu'elle va pouvoir suivre en parallèle à l'Institut supérieur des affaires (groupe HEC), c'est un diplôme de management de premier ordre. Le point de passage obligé de tous ceux qui aspirent à diriger une entreprise ou, plus généralement, à exercer des responsabilités de haut niveau. La confiance de Lagardère envers Rachida a d'autant plus de valeur que les frais exigés par un MBA dépassent les 30 000 euros. Les grandes entreprises offrent ce genre de formation de luxe aux collaborateurs qu'elles connaissent bien ; ceux qu'elles estiment capables d'intégrer ultérieurement la direction générale. La royale faveur aussi rapidement conquise vaudra à Rachida, on l'imagine, quelques inimitiés. Mais elle n'en a cure : les seize mois consacrés au MBA vont lui enseigner les techniques de management qui crédibiliseront son parcours et son ambition. Sa vocation, c'est d'être au top. Et quand on est au top, il faut bien diriger.

Pourtant, dans ses futures biographies officielles, elle indiquera, sans mentionner le MBA, être une « ancienne élève » de l'Institut supérieur des affaires. C'est ce qu'on lit généralement, quelle que soit l'école, lorsque le diplôme n'a pas sanctionné le passage par l'établissement. Pourquoi ne précise-t-elle pas qu'elle a obtenu son MBA au sein de l'institut ? Aurait-elle échoué à l'obtenir ? Bien longtemps après, les suspicions sur le sujet l'obligeront à clarifier les choses. À dévoiler les détails de l'épreuve personnelle douloureuse qu'elle traversait au même moment - et qui l'obligea à manquer un séminaire de l'ISA indispensable à la validation du diplôme.

Vice de consentement

Les faits se déroulent en novembre 1992. Elle a 27 ans. Pour faire plaisir à son père et à sa famille qui ont tout organisé selon la tradition, elle a « accepté » d'épouser, à Chalon-sur-Saône, un ingénieur algérien. Les rares témoins se souviennent de ce qu'ils ont vu et entendu ce jour-là : à deux reprises, l'adjointe au maire, Josette Olawinski, présidente de l'association La Famille chalonnaise, posa la question rituelle à Rachida. Qui, à la stupéfaction de la plupart des présents, ne prononça pas clairement le « oui » attendu. Ses amis les plus proches se doutaient, depuis quelque temps, qu'il allait se passer quelque chose. Ils sentaient bien que la fiancée n'avait pas du tout l'air enchantée à l'idée de prendre époux. Mais aux membres de sa famille, le murmure tout sauf audible de Rachida fit l'effet d'une secousse sismique. Beaucoup fondirent en larmes. L'officier d'état civil, gagné par la confusion et l'embarras ambiants, aurait alors accéléré la conclusion de la cérémonie : « Je considère que c'est "oui". » Dès le mois de décembre, Rachida demanda le divorce. Le mari refusa. « Après la cérémonie, j'étais restée quelques jours à Chalon pour essayer de le convaincre d'accepter une séparation. Là, j'ai manqué un séminaire à l'ISA, que le professeur responsable n'a pas voulu valider. La gravité de ma situation lui était totalement étrangère. [...] Je me suis lancée dans cette bataille comme on essaie de survivre. Ça a été terrible. Mais j'ai persévéré jusqu'à obtenir l'annulation [2]. ». L'union finira par être annulée judiciairement pour « vice de consentement » en 1995 ; si l'on ignore où commença exactement le malentendu, on sait au moins quand il s'acheva. Marceau Long est alors l'un de ses rares confidents. « C'était un mariage arrangé. J'avais suffisamment connu d'exemples similaires lorsque j'exerçais au Haut Conseil à l'intégration pour ne pas approfondir le problème avec elle. » Très discrètement, Jean-Luc Lagardère lui apporte également un soutien précieux. Rachida Dati voue une gratitude profonde au patron de Matra, emporté en 2003 par une encéphalomyélite aiguë foudroyante, suite à une banale opération de la hanche.

« Je garde un immense souvenir de cet homme que je voyais régulièrement. Il était sincère, humain. J'aime beaucoup ce genre d'homme, sans fioritures. Et puis je suis liée à lui par quelque chose de très personnel. Encore une fois je ne pourrai pas l'oublier ; il m'a donné la main. Non, il a fait plus : il m'a serré la main[3]. »

En 1993, Rachida quitte le groupe Lagardère pour filer outre-Manche. Il lui fallait quitter la France pour oublier cet épisode pénible de son existence et prendre un nouveau départ. Encore une fois, son réseau et son charme fonctionnent à merveille. La Banque européenne pour la reconstruction et le développement (BERD) lui propose un poste d'auditrice. Son président Jacques Attali, à qui l'a recommandée Marceau Long, n'est pas un inconnu. Attali, c'est l'ancien *sherpa* de François Mitterrand, celui qui préparait les sommets internationaux et couchait sur le papier le verbatim de ses journées à l'Élysée. C'est aussi l'auteur prolifique d'ouvrages érudits sur les sujets les plus variés – historiques, philosophiques, prophétiques. Lui aussi, il a été bluffé par le panache de Rachida. Familier de l'ombre et des aubes discrètes, Attali est un homme d'exigence, bien souvent consterné par l'inintelligence de ses contemporains. Il limite donc leur fréquentation au minimum administratif et alimentaire, et son vocabulaire aux politesses inévitables – à moins qu'on ne lui demande de s'épancher. Naturellement, cette conscience qu'il a de sa supériorité intellectuelle lui vaut de nombreuses antipathies, dont il s'accommode. Il réserve ses principaux efforts de « mise à niveau » à la population féminine. Et comme tant d'autres intellectuels du sexe fort, il est alors plus indulgent. Mais la seule beauté de la jeune Dati l'impressionnerait peu si elle n'était éclairée par une vivacité intellectuelle qui réjouit le visionnaire.

« J'ai vraiment été touché par son parcours et par sa volonté de réussir », admettra sobrement le conseiller des princes. Répliquant aux suspicions que provoque sa nomination à un poste exigeant une maîtrise de l'anglais plus que parfaite, Attali précisera juste que Rachida « s'est beaucoup épanouie à Londres. Il n'y a pas d'arrivisme chez elle, pas d'ambition malsaine. Ses succès sont justifiés par un travail immense qu'elle accomplit dans une ambiance d'extrême intégrité ». Le patron de la BERD aura su, en tout cas, être présent au bon moment pour aider sa jeune employée à traverser l'épreuve du mariage arrangé.

Voyage en solitaire

Si l'on gagne bien sa vie, Londres est une ville accueillante. La nouvelle capitale de la finance est la ville la plus chère d'Europe. Rachida est certes correctement payée à la BERD, mais elle continue d'aider sa famille. Les missions qui se succèdent ne lui conviennent guère. Nouvelle remise en question. Miss Dati se lasse pour de bon de l'analyse financière et de la comptabilité. Certes, l'expérience l'aide à cerner au mieux toutes les subtilités qui s'offrent aux entreprises lorsqu'elles veulent jouer avec la légalité. Sa connaissance du droit « s'enrichit » d'un savoir-faire on ne peut plus moderne. Cela ne suffit pas, toutefois, à lui apporter le sentiment de cette utilité à laquelle elle aspire. Rachida se souvient de l'aura qu'elle dégageait auprès de ses copains d'école, elle sourit en se remémorant son efficacité de commerciale en herbe dans la cité du Bout-du-Lac. À Londres, auditrice pour la BERD, elle n'a plus vraiment l'impression de faire le bien autour d'elle, ou tout du moins d'être utile à la société. Elle souffre aussi de sa solitude au travail : la solidarité de groupe, dans ce genre de métier, c'est aussi naturel que vital. Il lui faut bien l'admettre : elle se retrouve à exercer des activités d'égoïste qui la placent en porte-à-faux avec sa conscience sociale.

L'expatriation lui permet en revanche de goûter aux avantages du multiculturalisme à l'anglaise. À la City comme à Chelsea ou à Kensington, jamais un mot sur sa couleur de peau. Pas un regard déplacé. Aucun problème pour trouver un logement - pour autant qu'on est bien « cautionné ». Londres est la mégapole libérale par excellence où l'argent suffit à ouvrir les portes. Pourtant Rachida souhaite rentrer. Elle est trop loin des siens, trop loin aussi de ceux qui comptent en France. Car elle n'entend pas en rester à son statut actuel. Il lui faut maintenant partir à la conquête de ce petit quelque chose qui lui manque encore et la fera devenir « quelqu'un », au sens où l'entend l'élite parisienne.

En 1994, dans la foulée de Jacques Attali qui quitte ses fonctions, et pour rester du bon côté du manche, elle retraverse le Channel. Elle devient contrôleur de gestion, chargée du développement urbain, au sein d'un bureau d'études de la Lyonnaise des Eaux. Dans son esprit, c'est provisoire, très provisoire. Chalandon, Long, Balta, Lagardère, Attali : tant de bonnes fées se sont penchées sur son berceau depuis qu'elle a quitté Chalon... Elles seront deux cette fois à la guider vers une rencontre décisive. Rachida reprend contact avec Édith Cresson, qu'elle avait rencontrée cinq ans plus tôt dans le cadre des Groupes européens de mobilisation, une cellule de réflexion lancée par l'éphémère Premier ministre de François Mitterrand. Édith Cresson et Abel Farnoux, son éminence grise, l'introduisent alors auprès de Simone Veil.

Alors ministre des Affaires sociales et de la Ville dans le gouvernement de cohabitation d'Édouard Balladur, Simone Veil rencontre Rachida Dati. Toutes deux partagent la même rigueur, le culte du travail, l'attachement à la cause des femmes. L'ancienne députée européenne remarque, elle aussi, le perfectionnisme et la volonté de son interlocutrice. Bientôt proche de Rachida, elle lui donnera le conseil qu'elle attendait sans le savoir.

---

1. *Le nouvel Observateur*, 12 juillet 2007.

2. et 3. *Je vous fais juges*, Entretien avec Claude Askolovitch, Rachida Dati, Grasset, 2007.

6

Service public

« Comme la lune fidèle
À n'importe quel quartier,
Je veux être utile
À ceux qui m'ont aimé,

À ceux qui m'aimeront
Et à ceux qui m'aimaient.
Je veux être utile
À vivre et à chanter. »

Étienne Roda-Gil, Julien Clerc, « Utile »

— Tu m'emmerdes avec ton voile. Tu as prévu d'être toute ta vie caissière à Monoprix ? Non ? Alors si tu veux faire des études, enlève-moi ça et avance.

La gamine baisse les yeux. Elle retire lentement, comme si on la dénudait, le foulard blanc qui lui cachait les joues. Rachida est excédée. Hanifa Cherifi, qui travaille avec elle à la direction juridique du ministère de l'Éducation nationale, ne s'étonne plus du franc-parler de sa collègue. Depuis l'affaire de Creil, les « histoires de voile » sont revenues, sporadiquement, empoisonner le paysage scolaire. Simone Veil, alors ministre de la Ville, n'est pas directement concernée mais la situation la préoccupe. Elle suit ces affaires de près, en relation étroite avec Xavier Darcos, directeur de cabinet de François Bayrou, ministre de l'Éducation nationale.

« Il y avait des incidents graves et sur le plan des principes républicains, c'était très préoccupant, explique-t-elle. Les proviseurs avaient du mal à tout gérer eux-mêmes. Il fallait prendre des mesures. Il me paraissait opportun d'introduire un peu de médiation dans cette histoire. J'ai donc rencontré Xavier Darcos pour tenter de trouver des solutions, et identifier les médiateurs idoines. » Mais Simone Veil n'est pas en charge du dossier. Le 20 septembre 1994, c'est le ministre compétent, François Bayrou, qui publie une circulaire interdisant le port de signes ostentatoires dans les établissements scolaires :

« Depuis plusieurs années, de nombreux incidents sont intervenus dans les établissements scolaires, à l'occasion de manifestations spectaculaires d'appartenance religieuse ou communautaire. [...] En France, le projet national et le projet républicain sont confondus autour d'une certaine idée de la citoyenneté. Cette idée française de la nation et de la République est, par nature, respectueuse de toutes les convictions, en particulier des convictions religieuses, politiques et des traditions culturelles. Mais elle exclut l'éclatement de la nation en communautés séparées, indifférentes les unes aux autres, ne considérant que leurs propres règles et leurs propres lois, engagées dans une simple coexistence. [...] À la porte de l'école doivent s'arrêter toutes les discriminations, qu'elles soient de sexe, de culture ou de religion. [...] C'est pourquoi il n'est pas possible d'accepter à l'école la présence de signes si ostentatoires que leur signification est précisément de séparer certains élèves des règles de vie commune de l'école. Ces signes sont, en eux-mêmes, des éléments de prosélytisme, à plus forte raison lorsqu'ils s'accompagnent de remise en cause de certains cours ou de certaines disciplines [...]. L'accès au savoir est le moyen privilégié de la construction d'une personnalité autonome. Notre mission est de continuer de l'offrir à tous et à toutes. [...] Je vous prie de demander aux enseignants de toutes disciplines, aux personnels d'éducation et à l'ensemble de vos équipes, d'expliquer aux élèves dont ils ont la charge ce double mouvement de respect des convictions et de fermeté dans la défense du projet républicain de notre pays. Le port par les élèves de signes discrets manifestant leur attachement personnel à des convictions, notamment religieuses, est admis dans l'établissement. Mais les signes ostentatoires, qui constituent en eux-mêmes des éléments de prosélytisme ou de discrimination, sont interdits. »

Au lendemain de cette circulaire, une centaine d'exclusions sont prononcées. Au lieu de s'apaiser, la situation s'envenime. C'est l'époque où Mathieu Kassovitz triomphe dans les salles de cinéma avec *La Haine* (1995). La France découvre ses banlieues. Xavier Darcos, Simone Veil et Marceau Long réussissent enfin à convaincre Bayrou de désigner deux médiatrices. Elles s'appellent Hanifa Cherifi et Rachida Dati. Que fait ici la jeune salariée de la Lyonnaise des Eaux ? En fait, elle n'a jamais rompu le dialogue qu'elle avait entamé quelques années plus tôt avec Marceau Long. Chaque fois qu'elle le rencontre, elle lui narre ses dernières missions, ses inquiétudes, ses espérances aussi. Une relation presque paternelle s'est nouée entre eux. Quand on a exercé les fonctions qui furent les siennes, il n'est pas étonnant que Marceau Long ait donné à la jeune ambitieuse de très avisés « conseils d'État ».

— Le privé, ce n'est pas pour vous, Rachida, lui affirme-t-il en substance. Vous n'irez jamais bien loin dans une entreprise commerciale. Même dans un groupe aussi important que Lagardère. La fonction publique vous protégera mieux : il y a des concours à passer et puis les missions s'enchaînent. La progression est inévitable. Quelles que soient vos origines...

— Le service public ? Oui, bien sûr, c'est quelque chose qui aurait du sens pour moi. Mais dans quelle voie ? Pour y faire quoi ?

— Procédez par étapes, comme vous avez toujours su le faire. L'idéal serait qu'au final, vous deveniez magistrate. C'est dans vos cordes, et ça correspond à votre formation. Il faudra faire l'ENM [1], bien sûr.

— Magistrate...

— Eh bien oui. Si vous êtes fonctionnaire ou magistrat, vous restez magistrat et si vous faites bien votre métier, vous montez en grade - et je ne doute pas que vous réussirez. Ainsi vous aurez un vrai statut.

Simone Veil, alors, partage exactement ce point de vue. Et c'est avec cet objectif imaginé pour elle par deux de ses parrains les plus proches, Marceau Long et Simone Veil, que Rachida va se lancer dans la préparation des examens nécessaires. Même si elle doit y passer ses nuits, elle réussira les concours. En parallèle, elle accepte avec enthousiasme de s'improviser médiatrice dans les affaires de foulard islamique.

Au cabinet de François Bayrou, elle rencontre donc Hanifa Cherifi. C'est une autre pupille de Marceau Long. D'origine kabyle, Hanifa a le même âge que Rachida mais provient d'un milieu plus aisé, plus cultivé, plus religieux aussi. Leur mission à toutes deux : dissuader les jeunes musulmanes de porter le foulard à l'école. « C'était à nous de leur expliquer qu'elles prenaient, par leur entêtement, des risques énormes sur le plan scolaire. Alors que l'école est une chance pour elles. Et qu'il est difficile de suivre une scolarité normale en se contentant du Centre national d'enseignement à distance[2]. »

Les deux médiatrices diffèrent quelque peu dans leur manière d'aborder le problème. Spontanément encline à l'empathie, Hanifa s'efforce de se tenir au plus près de ces jeunes filles qui veulent rester fidèles à leur religion ; elle tente de les convaincre d'abandonner le voile tout en leur assurant qu'elle comprend parfaitement leur motivation. Rachida Dati est plus « cash », comme dirait Fadela Amara. La future présidente de Ni putes, ni soumises et future ministre considère alors que « le voile, c'est le sceau de l'humiliation des femmes [3] ». Rachida est du même avis. Les récalcitrantes, elle les affronte durement. Et les exhorte à secouer elles-mêmes le joug familial qui les écrase. À moins en effet de vouloir devenir, à jamais, caissière en grande surface. La compassion, ici, ne lui est pas instinctive, comme Marceau Long et Simone Veil l'ont également constaté à son propos. La patience, sur ce genre de terrain, n'est pas son fort. Elle ne cesse de penser à sa famille, au mariage arrangé et aux conneries de ses frères. « Elle devait retourner à Chalon pour les sortir d'un commissariat, raconte Marceau Long, et ça la minait, évidemment. » Les garçons du clan Dati ne suivent pas l'exemple de leur aînée. Ils tiennent tête à leurs parents, rapidement dépassés comme tant d'autres dans le même cas. Omar et Jamal n'ont pas réussi à éviter le piège de l'argent facile, celui des petits trafics et de l'économie parallèle qui font tourner les cités. L'ascension de leur sœur, loin de les inspirer, leur ferait même presque peur. « Les plus fortes, c'étaient Rachida et Malika, confiera Jamal au *Nouvel Obs*. Plus les autres montaient, plus je me sentais chuter. J'ai eu tout de suite l'impression que mon père avait perdu l'espoir avec moi : je voyais dans ses yeux qu'il ne me trouvait pas capable. J'en pleurais [4]. » L'adolescent quittera le système scolaire à 15 ans et vivra de petits boulots.

L'avantage de ses origines, c'est que Rachida connaît mieux que personne le fonctionnement intime et les désirs profonds des jeunes filles voilées avec qui elle dialogue sans tabou. Sa rudesse ne l'empêche pas de se sentir proche d'elles. Mais c'est une sorte de fibre maternelle qui lui enjoint de se montrer sévère et intraitable. Elle sait aussi, avec précision, la nature redoutable du regard des autres. Ce regard méprisant qui risque de stigmatiser, à cause d'elles et par ricochet, tous les jeunes musulmans. Ce n'est pas en contestant les lois de la République qu'on monte en grade. « La réussite par le haut n'est pas une évidence pour nous, déclarera-t-elle plus tard. Mais la République permet aussi des parcours de réussite. Les concours sont les mêmes pour tous [5]. » Elle est en est l'exemple vivant, et voudrait faire école. « Qu'on arrête de ne voir dans la population d'origine immigrée que des gens à problèmes. »

Sur plus de 200 000 jeunes musulmanes scolarisées dans les collèges et lycées de France, elles ne sont alors que quelques centaines à exiger de porter le voile. Le problème du foulard est donc plus symbolique, et dangereux par ses retombées médiatiques, que massif. Il permet en tout cas à Rachida d'établir d'étroits contacts avec les associations actives sur les questions qui ont trait à l'islam et à l'intégration. Il lui offre également l'occasion d'explorer l'arsenal juridique français dans ses moindres complexités : l'arrêt du Conseil d'État en 1989 et la circulaire Bayrou sont un ordinaire de premier choix pour une apprentie magistrate.

Examen de passage

Pendant trois ans, jusqu'en 1997, d'autres missions se succéderont, moins intenses mais tout aussi édifiantes. Il est grand temps d'entrer à l'ENM, comme Marceau Long et Simone Veil l'y encouragent. Pierre de Bousquet, l'ancien patron de la DST – la Direction de la surveillance du territoire –, aujourd'hui préfet des

Hauts-de-Seine, fait lui aussi partie de ses supporters. Il rencontra Rachida alors qu'il dirigeait le cabinet d'Albin Chalandon place Vendôme. « J'étais sidéré par l'énergie et le dynamisme de cette fille. Elle n'avait peur de rien, elle n'avait pas de complexes. Rien ne pouvait l'arrêter. »

En 1996, elle demande un rendez-vous au maire de Neuilly. Nicolas Sarkozy a entamé un an plus tôt une pénible traversée du désert politique. Dans la lutte fratricide qui a déchiré la droite et opposé Édouard Balladur à Jacques Chirac, tous deux candidats à la magistrature suprême, il a lâché son ancien mentor et pris le parti du trop raffiné « Doudou ». Chirac, une fois élu, voue au jeune renégat la détestation joyeuse qu'autorise la victoire. Sarkozy s'en remet mal. Sa cote est au plus bas ; les Guignols de l'Info, sur Canal+, le moquent en traître invétéré. Le contexte ne rebute pas Rachida. Au contraire. Elle considère même que l'isolement de Sarkozy est à porter à son crédit : il est resté fidèle à Balladur. C'est une façon de voir les choses. Avenue du Roule, rebaptisée Achille-Peretti en hommage au Corse chaleureux que Sarkozy remplaça à 28 ans à la mairie de Neuilly, la rencontre est formelle, sans relief apparent. Le futur chef de l'État, qui depuis lors a reçu et régalé à tour de bras, ne l'a pas gardée en mémoire. En raccompagnant sa jolie visiteuse, il l'assure néanmoins de son intérêt.

— Si un jour vous avez besoin de quoi que ce soit, n'hésitez pas.

L'engagement se veut surtout courtois. Mais elle s'en souviendra.

« À cette époque, raconte Marceau Long, j'avais quitté le Haut Conseil à l'intégration, et j'ai essayé de trouver un concours qui soit adapté à Rachida. J'avais auparavant demandé à Bernard Stirn, qui était à l'époque secrétaire général du Conseil d'État et professeur de sciences économiques, de la faire travailler sur des exposés, des travaux du type de ceux qu'on demande aux concours de l'Éna [6] ; je songeais en fait à lui faire passer le troisième concours de l'Éna, la filière externe, qui est plus ouverte. » Bernard Stirn, aujourd'hui président de la section du contentieux au Conseil d'État, ne se souvient pas bien de cette conversation, il garde seulement souvenir de son accord pour la laisser profiter de la bibliothèque du Conseil d'État. La jeune conseillère a beaucoup de qualités, elle est très bonne à l'oral, mais a-t-elle le niveau pour réussir un tel concours ?

« L'Éna ne proposait pas de possibilité d'admission sur titre, avec des lettres de recommandation, poursuit Marceau Long. Les voies extérieures y sont très lourdes, et puis de toute façon, c'est quand même un cran au-dessus du reste, en effet. Rachida était juriste. Je l'ai convaincue que le métier de magistrat était une très belle profession. »

Il faut déjà lui trouver une école où l'admission sur titre est possible. « Je savais qu'il existait beaucoup de concours spéciaux dans la magistrature. Elle n'avait pas de spécialisation en droit public, elle était plutôt à cheval entre droit privé et droit public. Elle connaissait bien la comptabilité et les opérations de suivi. Comme elle me paraissait à la fois douée et déborder le champ de la magistrature au sens strict, mon idée était que si ça marchait bien, elle pourrait essayer de rentrer au Conseil d'État. Ce qui prouve que je lui faisais déjà assez confiance. »

Rachida Dati bénéficie donc d'une double recommandation, signée Simone Veil et Marceau Long. Dans les deux pages manuscrites du courrier qu'il lui confie, Marceau Long détaille la compétence, la volonté, le besoin de reconnaissance de ces jeunes talents issus de l'immigration ; l'École nationale de la magistrature doit pouvoir comprendre en quelques lignes ce que représente Rachida et l'excellence qui la distingue. Simone Veil, de son côté, insiste sur ses qualités de jugement, de probité, d'éducation et de travail. La bénédiction s'envole donc vers le ministère, puisque, en l'espèce, c'est lui le recruteur. Le dossier est solide : dix ans d'expériences professionnelles variées, maîtrise d'économie et de droit public, passage à l'ISA dans le cadre du MBA européen. L'affaire glisse comme une lettre à la poste ; la jeune femme reçoit le sésame de l'administration pour intégrer l'ENM. Elle obtient ainsi l'autorisation d'y suivre deux ans de cours. Pour la première fois, elle apprend un métier et reçoit une formation concrète qui lui permettra d'exercer un métier tout en bénéficiant du statut rassurant dont elle rêve.

En février 1997, elle prête serment, comme il l'est demandé aux nouveaux arrivés. Elle a revêtu la robe de magistrate de Simone Veil, que celle-ci n'avait jamais utilisée et qu'elle lui a prêtée pour l'occasion.

« Je jure de garder religieusement le secret professionnel et de me conduire en tout comme un digne et loyal auditeur de justice. » Deux ans plus tard, en 1999, elle sera magistrate.

979. Sourire éclatant et main levée, Rachida adolescente prend la pose pour la photo 'e classe de troisième, à l'école du Devoir. Au premier rang, en gris, sa meilleure amie depuis enfance, Valérie.

couloir qui mène à la classe 'e maternelle de Rachida, l'école du Devoir.

© Lionel Cottu

Sœur Hélène, professeur d'anglais et de musique de Rachida.

© Lionel Cottu

La cité du Bout-du-Lac, à Chalon-sur-Saône, où Rachida passa dix ans de son enfance.

© Lionel Cottu

Valérie, l'amie de toujours, pose dans le bureau de Rachida Da place Vendôme.

Le clan Sarkozy à l'Assemblée nationale lors de la présentation du projet de loi sur l'immigration en mai 2006. Rachida Dati fait ses premières armes en politique.

© SIPA

Le baptême du feu. Rachida Dati, porte-parole de Nicolas Sarkozy pendant la campagne présidentielle, à la sortie d'un meeting en banlieue parisienne, en avril 2007.

© AFP

avier Bertrand et Rachida Dati, ous deux porte-parole de Nicolas arkozy durant la campagne, résentent l'affiche officielle à a presse au quartier général de UMP, en janvier 2007.

© AFP

© SIPA

Le président Nicolas Sarkozy et Rachida Dati, complices à la sortie de la première réunion du gouvernement, le 18 mai 2007.

Nicolas Sarkozy entouré des femmes ministres du gouvernement Fillon, ce même jour.

© SIPA

achida Dati et son ami Bernard
'ouchner, ministre des Affaires
trangères, en août 2007.

© SIPA

Rachida Dati en compagnie de son pygmalion,
Albin Chalandon (à droite sur la photo),
avec Pascal Clément.

La ministre de la Justice et garde des Sceaux
entourée du premier président de la cour d'appel de Paris, Jean-Claude Magendie,
et du procureur général de la cour d'appel de Paris, Laurent Lemesle, en juillet 2007.

© AFP

© SIPA

Jean Sarkozy, fils de Nicola
Sarkozy, en conversation ave
Rachida Dati au défilé d
14 juillet 200

Le clan Sarkozy : Rachida Dati soutient Cécilia Sarkozy aux funérailles de son ex-mari, Jacques Martin, en septembre 2007.

Regards complices entre Cécilia Sarkozy et Rachida Dati à la garden-party de l'Élysée, le 14 juillet 2007

© SIPA

achida Dati et François Fillon résentent la si controversée éforme de la carte judiciaire à Lille, n octobre 2007.

Rachida Dati, Blackberry et dossiers à la main, salue la presse à son arrivée à l'Élysée.

© AFP

© SIPA

Rachida Dati à sa table de travail, place Vendôme.

Retour aux racines. Rachida Dati accompagne Nicolas Sarkozy lors de sa visite officielle au Maroc, la patrie de sa mère, en octobre 2007.

© SIPA

Rachida Dati,
tendance en tenue estivale,
à la sortie du dernier conseil
des ministres avant
les vacances d'été,
en juillet 2007.

Glamour et people :
Patrick Poivre d'Arvor et Rachida Dati, resplendissante dans sa robe du soir, aux 60 ans de la prestigieuse maison de couture Dior, en septembre 2007.

Rachida Dati rend visite au XV de France, avant la Coupe du monde de rugby, à Marcoussis, en août 2007.

Rapports, rumeurs et jalousies

Sur cette voie-là, on l'a poussée et elle ne le regrette pas. La magistrature n'était pas sa vocation première. Elle y saisit cependant un moyen efficace de combattre les injustices.

Comme de nombreuses grandes écoles françaises, l'ENM encourage les stages en entreprise. Ils se déroulent, en l'occurrence, dans des tribunaux. Ainsi, courant 1998, Rachida est auditeur de justice au tribunal de grande instance de Bobigny. En clair, elle voit passer, de près, toutes les affaires qui y sont traitées. Et quand le TGI siège en tribunal correctionnel, elle doit se plonger dans le droit pénal. Le rôle qu'elle affectionne le plus, alors, c'est rapporteur du tribunal d'instance. Une fois que le tribunal s'est réuni en séance publique, les juges se retirent pour délibérer et rendre leur décision deux à trois semaines plus tard. Pendant ce temps, le rapporteur - Rachida - rédige un rapport sur l'affaire. Elle a donc accès à toutes les pièces fournies par le demandeur et aux réponses du défendeur. À partir de l'étude du dossier, elle propose une solution soumise à la collégialité des magistrats. Son rapport est adopté ou modifié. Puis le jugement est rendu. L'exercice la passionne. Enfin elle se sent en phase avec elle-même : Rachida rend la justice dans le pays qui a accueilli sa famille. Ses relations avec certains magistrats sont cependant houleuses. Les recommandations dont elle a bénéficié irritent et indisposent. Son tempérament entier tranche avec la discrétion feutrée de son nouvel environnement.

Après le stage à Bobigny, elle devient juge commissaire aux procédures collectives au TGI de Péronne, dans la Somme. À sa demande, Marceau Long se déplace pour aller voir sa petite protégée en action. « Je me demandais si compte tenu de son hyperactivité, elle réussissait à s'en sortir dans un tribunal de province, où les choses sont plus lentes qu'en région parisienne. » De fait, sa compétence est appréciée. Mais ses méthodes lui attirent, là encore, quelques antipathies. Procureurs et juges du siège la trouvent brutale et arrogante. Trop sûre de ses appuis parisiens, qui lui téléphonent parfois au milieu d'une audience. Et quand la télévision vient lui consacrer un reportage, certains s'étouffent. Pas elle. Elle rentre même à Paris chaque soir et dîne aux meilleures tables, comme le raconte au *Nouvel Obs* Gérard Worms, de la banque Rothschild, qui l'a intronisée au « Siècle ». Lors de ces soupers fins organisés le quatrième mercredi de chaque mois à l'Automobile Club de France par ce club réservé aux élites politiques et économiques, « elle s'accrochait aux jupes et aux vestons pour sortir de l'ornière. Nous, après le préfet musulman, nous voulions continuer à faire de l'hybridation. Elle était épatante. Des années plus tard, quand Claude Guéant m'a parlé d'elle, il s'est rendu compte qu'elle connaissait déjà la moitié de Paris » [7]...

Le IIe millénaire s'achève dans les bulles de champagne et le fantasme d'un bug informatique planétaire. Le 12 juillet 1998, la France a gagné la Coupe du monde de football grâce à Zidane, Thuram, Deschamps, Desailly... Malgré la joie, malgré une extase collective comme le pays n'en a pas connue depuis la Libération, le mythe d'un peuple black-blanc-beur, enfin réconcilié, ne survivra pas à l'été. Pour Rachida, qui héberge une de ses sœurs et sa nièce Sanaa dans son appartement de la rue du Faubourg-Poissonnière, l'apprentissage de la vie de magistrate se poursuit à Évry. Elle est nommée substitut du procureur de la République à la section financière près le tribunal de grande instance. Encore une nouvelle fonction qui la fait progresser et diversifie sa vision de la justice. Les mauvaises langues vont bon train. Mais la médisance et les ronchonnements, à Évry pas plus qu'à Péronne ou à Bobigny, ne sont de nature à la désarçonner. Elle a déjà une autre idée en tête.

---

1. ENM : École Nationale de la Magistrature.

2. Aujourd'hui inspectrice générale de l'instruction publique, *La Croix*, novembre 1996.

3. *L'Express*, 11 décembre 2003.

4. *Le nouvel Observateur*, 12 juillet 2007.

5. *Libération*, 18 mai 2007.

6. ENA : École Nationale d'Administration.

7. *Le nouvel Observateur*, 12 juillet 2007.

7

Identités perdues

La brune : - C'est trop nul de pas avoir d'origine.
La blonde : - Bah ! On a une origine,
je suis française, quoi.
La brune : - Je voudrais être hindoue, comme
Kevin, il a trop des belles lèvres.
La blonde : - On dit indienne, pas hindoue.

Deux lycéennes dans le train Marseille-Paris, 2007.

— Ça prend deux B, Habbouche ! Faites attention, écoutez !

Une fois encore, Morad Aït-Habbouche fait corriger *in extremis* l'orthographe de son nom. Grand reporter, il est né en 1964, dans une famille venue de Kabylie. Pour France 3, il a couvert, entre autres, le déchirement yougoslave et la guerre du Golfe. Il est de tous les conflits, là où ça bouge. À chaque fois, il n'hésite pas à se mettre en situation, c'est-à-dire qu'il apparaît face à la caméra à la fin de ses sujets. Au bas de l'écran, son nom s'affiche, avec sa drôle de consonance. Morad y tient. Rien de mégalomane là-dessous. Seulement les journalistes d'origine nord-africaine, à la télé, on les compte sur les doigts d'une seule main. Autant éviter d'écorcher leur signature.

Un matin dans son courrier, Morad remarque une carte plus aimable que les autres. C'est signé d'une certaine Rachida Dati qui lui avoue apprécier beaucoup ce qu'il fait. Elle ajoute qu'elle aimerait le rencontrer. Morad sourit, il se dit qu'il fait décidément un beau métier. Puis il oublie. Quelques semaines passent. Un autre matin, une autre carte. Puis une troisième. Rien de bouleversant ni de désagréable. Le journaliste ne donne pas suite. Jusqu'au jour où le téléphone sonne. « J'aimerais bien vous rencontrer. » Bon. Morad a eu affaire, dans sa carrière, à des situations plus périlleuses. Il faut parfois savoir se dévouer à son public. Mais il a alors d'autres préoccupations en tête. Deux de ses amis proches, Rachid Nekkaz, agrégé de philosophie, et Léonard Anthony, musicologue, viennent d'écrire un ouvrage très malin sur les rouages de la haute finance. Une sorte de vade-mecum de la Bourse destiné aux non-initiés. Le problème, c'est qu'aucun éditeur n'a pour l'instant accepté de les recevoir. Dépités, ils s'en sont remis à Morad, qui « connaît du monde ». Du coup, à tous les gens qu'il croise en ce moment, le reporter demande s'ils n'ont pas un contact bien placé dans l'édition. Aussi, n'échappe-t-elle pas à la question quand elle lui téléphone. Après tout, on ne sait jamais.

— Si je connais quelqu'un ?

L'inconnue aux cartes postales saute sur l'occasion. Deux jours plus tard, elle rappelle. Annonce à Morad que Bernard Fixot, l'un des éditeurs les plus en vue de la place, attend Nekkaz et Anthony le lendemain à midi.

— C'est une blague ?

— Pour qui me prenez-vous ? Je suis sérieuse. Demain midi.

Aït-Habbouche est un peu bluffé. Il le sera plus encore lorsqu'il apprendra que non seulement Fixot édite ses copains mais qu'il prévoit déjà de sortir un autre livre avec eux[1]. Rachida est ravie de l'effet qu'elle produit sur le journaliste, que ses cartes postales répétées avaient laissé de marbre. Pour une fois que c'est elle qui actionne la baguette magique et qu'elle en fait profiter les autres... Le réseau qu'elle s'évertue à tisser ne s'en portera pas plus mal. C'est plus fort qu'elle : il faut qu'elle connaisse tout le monde et que tout le monde la connaisse. Surtout si ceux qui comptent sont, comme ici, d'origine maghrébine. Morad se laisse charmer. Il ne s'interroge pas vraiment sur la confiance dont bénéficie la jeune femme auprès de Bernard Fixot. « Ce n'est pas une question que je me posais, confie-t-il. Ni que j'avais envie de me poser. Je voulais seulement rendre un service d'ami à un ami. Point. » Il faut dire que dès la première rencontre, il l'a trouvée « belle, intelligente, pétillante, drôle, sexy, charmante et charmeuse ». Et oublié très vite l'histoire de l'éditeur. De cet épisode date leur amitié. Un lien presque fusionnel qui s'explique par un héritage commun, un passé voisin et des rêves comparables. Une même envie d'agir aussi pour que la France leur fasse une petite place et accepte enfin sans crainte sa dimension plurielle.

« Je suis française d'origine française puisque je suis née en pleine Bourgogne, bien que mes parents soient d'origine étrangère. » Français donc et fiers de l'être, conscients, avec d'autres, que l'identité nationale est une notion mouvante, évolutive. Elle et lui n'ont plus besoin de se parler pour se comprendre. Ils sont en phase. Décidés l'un comme l'autre à se faire les acteurs de cette évolution.

Changement de siècle

En 2001, la France en termine mollement, du moins l'imagine-t-elle, avec les années Chirac. Mal inspiré, à moins qu'il n'ait été guidé par une sorte de langueur monarchique, le président a dissous en 1997 une Assemblée nationale qui lui était pourtant acquise. Sa défaite porta à Matignon le socialiste Lionel Jospin, provoquant une nouvelle cohabitation entre la droite et la gauche ; un système bâtard qui paralyse plus qu'il ne dynamise les énergies. Pendant quelques mois, les effets d'une reprise économique mondiale feront fléchir, fugitivement, la courbe du chômage mais l'embellie ne sera que passagère. Le 1er janvier 2002, une monnaie européenne commune remplace le franc dans les douze États de la « zone euro ». La mondialisation s'annonce. Apprécié pour ses paysages, ses fromages et sa haute couture, l'Hexagone reste une région où il fait bon vivre : la diminution de la durée du travail hebdomadaire à 35 heures, à l'initiative de Martine Aubry, rappelle le ministère du Temps libre d'André Henry. Elle va profiter surtout aux catégories capables de remplir facilement l'espace de loisir supplémentaire qui leur est accordé. Les cadres en « RTT » font tourner l'industrie du tourisme et les clubs de sport, mais suscitent l'ironie en dehors des frontières.

Le pays n'en continue pas moins de susciter le désir d'avenir de millions de candidats à l'immigration, en Afrique, en Europe de l'Est, en Asie. Le sujet est brûlant. Malgré Emmanuelle Béart et les artistes qui réclament une régularisation massive des clandestins, le dossier des travailleurs sans papiers n'est pas mieux géré par la gauche qu'il ne l'avait été par la droite.

Français ou non, les jeunes habitants des banlieues, quand ils sont d'origine maghrébine, supportent mal le fossé qui s'est creusé entre eux et le reste de la population. Ils se sentent déconsidérés par une société qui aurait décidé de ne pas les intégrer. « Les gouvernements successifs ont seulement eu le souci de traiter les flux migratoires en fonction des besoins de l'économie française, mais ont négligé de prendre des mesures de nature à favoriser l'intégration sociale des immigrés. L'antiracisme a souvent servi d'alibi au manque d'actions concrètes [2] », accuse Thierry Tuot, ancien président du Fonds d'action sociale (FAS). « Aujourd'hui l'intégration est un échec total », confirme en 2000 le maire RPR de Meaux, Jean-François Copé. De fait, quand ils sortent de l'école, 40 % des jeunes beurs n'ont que le chômage pour horizon – le taux est de 16 % pour l'ensemble de la classe d'âge. Une statistique qui tient aussi à leur ambition : « Il y a un refus très fort d'être employé ou ouvrier, parce que cela renvoie à l'image dévalorisée du père, auquel ils reprochent de s'être fait exploiter par la société française [3] », explique Sebastian Roché, sociologue au CNRS. La situation qui leur est proposée quand ils ont l'âge d'entrer dans la vie active correspond donc rarement à leur attente. « Ascenseur social » en panne, ghettoïsation des quartiers où l'on a entassé leur famille trente ans plus tôt, faillite du système éducatif, démission des parents, discriminations à l'embauche : les raisons invocables à l'échec de cette intégration sont légion. L'ancienne complice de Rachida au cabinet de François Bayrou, Hanifa Cherifi, fait alors partie du Haut Conseil à l'intégration. Elle souligne l'absence de représentation visible des enfants d'immigrés dans les instances dirigeantes du pays.

La France humaniste et universaliste sut recevoir les Russes blancs chassés par la révolution de 1917, les Italiens fuyant la pauvreté, les Espagnols la guerre civile et les Portugais le régime immobile de Salazar ; l'immigration subsaharienne, issue des anciennes colonies, passa dans un premier temps sans encombre excessif. Les différentes populations concernées partageaient en général une culture chrétienne qui facilita leur intégration. Les difficultés particulières rencontrées par les fils et filles d'immigrés maghrébins - principalement musulmans - vont soulever, au pire moment possible, la question de la « capacité d'assimilation » de catégories considérées dorénavant au regard de leur origine ethnique, raciale ou religieuse. Le moment est malvenu, car la destruction en mondiovision des tours jumelles du World Trade Center, à New York, le 11 septembre 2001, souvent saluée comme un exploit par la rue arabe, réveille des hantises et des antagonismes qui ne remontent pas aux croisades. La guerre d'Algérie a longtemps été difficile à évoquer de ce côté-ci de la Méditerranée. Les « ratonnades » qui ensanglantèrent le conflit jusqu'en métropole – comme l'atteste le massacre à la station de métro Charonne en 1961 – ont laissé de douloureux souvenirs. L'actualité internationale vient raviver les plaies. La France tranquille se découvre soudain des ennemis invisibles et impitoyables, attachés à sa perte plus qu'à leur propre vie. Le terrorisme est un défi inédit lancé aux politiques d'intégration des pays occidentaux : en quelques minutes, la bombe d'un kamikaze peut saper le travail d'une génération entière. En France et ailleurs, les mouvements fondamentalistes parviennent peu à peu à séduire les esprits les plus malléables, fragilisés par la précarité. Au grand désarroi de l'immense majorité des familles musulmanes, les barbes commencent à pousser parmi les jeunes générations, les prêches du vendredi à se radicaliser... et les amalgames à se développer.

Le 21 avril 2002, l'extrême droite envoie son candidat, Jean-Marie Le Pen, en « finale » de l'élection présidentielle. La gauche et Lionel Jospin sont éliminés. Jacques Chirac sera réélu, avec 82 % des voix. Un score trompeur qui masque mal la défiance du peuple envers ses dirigeants.

Une France plurielle, une France plus juste

Il est tentant de penser que le tournant du siècle marque la fin d'un certain idéal républicain propre à la France. En l'occurrence, le rassemblement de communautés différentes derrière des valeurs partagées. Au sein des nouvelles générations d'enfants d'immigrés dégagés du schéma « ethnico-national » qui structurait l'identité de leurs parents, les jeunes sont de plus en plus nombreux à voir dans la religion le marqueur identitaire qui leur manquait. Ce n'est pas que la piété ni même la foi progressent tant que cela : leur positionnement est avant tout « culturel ». Comme le dit Woody Allen, « Dieu n'existe pas mais nous sommes son peuple élu ». L'important, c'est d'appartenir à quelque chose. Ainsi s'opère le repli identitaire favorisé par l'émiettement, pour ne pas dire l'atomisation, des groupes sociaux. « La modernisation suscite son contraire, affirme Régis Debray : le retour à une tradition fantasmée, généralement fantasmatique, exacerbée, paranoïaque [...], un ressourcement identitaire. » Le problème, c'est que le paysage institutionnel lui-même ne propose pas de contre-exemple à la tentation communautariste : en 2004, alors que près de 8 millions de personnes, dans l'Hexagone, affichent une origine maghrébine, africaine, asiatique ou autre, l'Assemblée nationale ne compte aucun député issu d'une « minorité visible ». Trois conseillers généraux, dans toute la France, ont un patronyme non européen. Au nom de l'égalité des chances fleurissent dans les grandes entreprises des « chartes de la diversité » ; elles sont plus ronflantes que suivies d'effets. TF1 nommera même, sur le conseil de Nicolas Sarkozy et du club Averroès qui promeut la diversité dans les médias français, un présentateur noir pour ses journaux télévisés estivaux. L'événement est salué comme un fait historique.

Se diriger comme les États-Unis vers l'*affirmative action*, que nous traduisons par « discrimination positive », c'est une option que défendra bientôt le ministre de l'Intérieur - et des Cultes - Nicolas Sarkozy. Quand le lien social s'effiloche à une telle vitesse, tous les efforts pour aider à le renouer sont les bienvenus. « Chaque génération, sans doute, se croit vouée à refaire le monde. La mienne sait pourtant qu'elle ne le refera pas. Mais sa tâche est peut-être plus grande. Elle consiste à empêcher que le monde se défasse. »

Ces mots sont ceux d'Albert Camus, le jour où on lui décerna le prix Nobel en 1957. C'est à leur lumière qu'il faut envisager le volontarisme de Rachida Dati et de Morad Aït-Habbouche lorsqu'ils décideront de créer le club XXIe siècle.

---

1. *Splendeurs et misères des petits actionnaires*, Rachid Nekkaz et Léonard Anthony, Robert Laffont, 1997. *On vous écrit d'à côté*, Rachid Nekkaz et Léonard Anthony, Robert Laffont, 1997. *Millénarium*, Rachid Nekkaz et Léonard Anthony, Robert Laffont, 2000.

2. *Les Indésirables*, Jean Faber, Grasset, 2000.

3. *Le Point*, 12 avril 2007.

8

Nicolas, sinon rien

« L'histoire me sera indulgente
car j'ai l'intention de l'écrire. »

Winston Churchill

Si son visage hésite aujourd'hui entre l'ovale et l'anguleux, c'est sans doute que la première année du siècle l'a creusé pour longtemps. En mars 2001, Rachida a perdu sa mère, vaincue par le cancer. Un cataclysme pour les siens. Avec elle, la jeune femme voit disparaître sa « plus belle histoire » et devient de fait, à 36 ans, chef de famille. Lors de son passage à l'ENM, l'un de ses camarades avait fait courir le bruit qu'elle s'était inventé la maladie d'un proche pour obtenir un stage en région parisienne. L'intéressé est renvoyé à sa mauvaise conscience.

La vraie-fausse victoire de Jacques Chirac au printemps 2002 a ramené la droite au pouvoir. Le président élu a fini par faire semblant de se réconcilier avec Nicolas Sarkozy, trop populaire pour être tenu davantage à l'écart. Le renégat d'hier se retrouve place Beauvau, à quelques dizaines de mètres de l'Élysée. Il est ministre de l'Intérieur. Rachida ne pouvait rêver mieux. Elle se souvient du rendez-vous que Sarkozy lui avait accordé six ans plus tôt. Et de ses mots sur le seuil du vaste bureau neuilléen.

— Si un jour vous avez besoin de quoi que ce soit, n'hésitez pas.

Elle n'hésite pas. Et lui écrit. À la cinquième missive, elle obtient de le rencontrer. Indignation de ses amis proches : si Sarko est populaire, c'est avant tout pour son image sécuritaire. Pourquoi Rachida va-t-elle se commettre avec cet agité ? Elle laisse dire, et persiste. Justement, expliquera-t-elle, ce qu'elle aime chez ce type, c'est « sa rage ». « Son regard accroche les visages et il se demande d'abord ce qu'il peut faire pour tous ces gens [1]. » Le 3 septembre, place Beauvau, elle a dix minutes, pas une de plus, pour lui exprimer de façon aussi convaincante que possible son désir de poursuivre sa carrière à ses côtés. Sarkozy est d'abord amusé puis, très vite, prend la mesure de la situation et des avantages qu'elle présente. « Je n'ai jamais rencontré quelqu'un qui avait autant envie de venir travailler avec moi [2] », racontera-t-il plus tard. Il charge immédiatement Claude Guéant de trouver à la jeune femme une fonction en adéquation avec ses talents.

Au ministère des Cultes

Voilà Rachida conseillère technique au cabinet de celui qui est en train de devenir l'homme le mieux médiatisé de France. Elle travaille sur la prévention de la délinquance et prend soin d'éviter la lumière vive. Elle a compris qu'il ne fallait pas tout mélanger. Le magazine *Elle*, sous la plume d'Anne-Cécile Sarfati, relate comment certains ministres, alors, la contactent « pour lui demander si elle n'aurait pas "des gens comme elle" à leur présenter ». Histoire d'introduire un peu de mixité dans leur équipe.

— Des gens comme moi... Des magistrats ?[3]

« Rachida Dati n'aime pas être renvoyée à ses origines », reprend le magazine. « Si mon enfance a été difficile, ce n'est pas parce qu'on était immigrés, mais parce qu'on était pauvres. » Pour la « beurette de service », il faudra donc repasser. Sa raison d'être ici, c'est le boulot. Son téléphone sonne en continu et une ligne reste ouverte avec le Maroc, qui ne sera jamais coupée, où qu'elle exerce par la suite. Pour le ministre de l'Intérieur, tresser des liens serrés avec les pays d'origine de la population immigrée relève du devoir professionnel : la présence d'un islam minoritaire en pays occidental est un phénomène nouveau - ce n'est pas le cas par exemple en URSS ou en Inde. L'islam français, encore privé d'organe représentatif unifié, a des airs de kaléidoscope où dominent les clivages nationaux. Les 5 millions de musulmans de France, dont la moitié viennent d'Algérie, sont regroupés dans plus de 1 000 associations de type 1901 ou 1905, sans oublier toutes celles qui se sont constituées à l'échelon local pour organiser le statut des imams, l'abattage et la vente de la viande halal ou les inhumations ; la loi de 1981 votée pour assouplir le droit d'association des étrangers donna lieu en effet à la création d'innombrables associations cultuelles ou culturelles. Les pays d'origine ne sont jamais très loin : Algérie et Maroc (Tunisie à un moindre degré) jouent un rôle important dans le financement des mosquées et des lieux de prière implantés dans l'Hexagone. Place Beauvau, dont dépendent police, cultes et associations, on surveille évidemment de très près ce paysage. Longtemps, et notamment lorsque Charles Pasqua dirigeait le ministère, la politique musulmane de la France s'est appuyée sur l'axe franco-algérien. Les relations avec le Maroc modernisé de Mohammed VI, dit « M6 », le jeune successeur d'Hassan II, ont quelque peu réorienté cet axe en direction du royaume chérifien.

Lors de ses premières interviews, Rachida ne cache pas la fierté que lui procurent ses nouvelles fonctions. « C'est un peu exceptionnel, parce qu'on part de rien du tout. On ne connaît pas grand-chose, on ne connaît pas grand monde et on arrive au même résultat que des Français d'origine qui ont fait les meilleures études et qui ont eu les meilleurs réseaux. Le côté exceptionnel est là. » Candide et lucide à la fois. Elle suit toujours Sarkozy à la trace. Ne compte plus ses heures enfermée au bureau, de l'aube à la nuit tombée. Rachida rejoint ainsi tout doucement le cercle fermé des intimes du futur président de la République. Elle ne le quittera plus. Elle est accro. En anglais, *addicted.*

Jeu de miroirs

Nicolas Sarkozy ne la lâchera pas non plus. Ils ont trop en commun, à commencer par une ambition dévorante et quelques revanches à prendre. Il sent qu'il tient en elle son clone au féminin : l'avoir auprès de lui vaut mieux que la laisser à ses rivaux. Elle est à son image « dans une fibre minoritaire », selon les termes du journaliste Michaël Darmon[4]. Elle a dû, comme lui, ferrailler pour se faire accepter : pauvreté liée à ses origines nord-africaines dans le cas de Rachida ; faible structuration familiale et petite taille pour Nicolas Sarkozy - officiellement 1,68 m, un facteur pudiquement négligé dans les biographies d'hommes illustres alors qu'il s'agit souvent d'un puissant moteur de réussite. Leur adolescence n'eut évidemment rien de comparable. Pendant que l'une accumulait les kilomètres et les nuits de garde, l'autre noyautait la section UDR de Neuilly - les jeunes gaullistes - et préparait sa conversion au chiraquisme. S'il lui arriva de pousser vaguement une cireuse électrique dans les couloirs des tours du ministère de l'Air, place Balard (désormais base aérienne 117), c'est que le jeune Nicolas accomplissait là, quelques heures dans la semaine en compagnie de Brice Hortefeux, un service militaire très pistonné. Il attendait de devenir avocat, comme sa mère.

Il est également peu probable que le jeune Sarkozy de Nagy Bocsa, sous l'ombrage protecteur des boulevards neuilléens, se soit jamais fait jeter des pierres ou traiter de « sale Hongrois ». Il n'en demeure pas moins que tout son être, comme son parcours, semblent façonnés par une rupture originelle. Jean-Pierre Winter, psychanalyste et écrivain [5], soutient que l'exil puis le départ précoce de son père, Pal Sarkozy, ont orienté l'itinéraire du fils d'une façon plus décisive qu'on ne le dit généralement[6].

« Sa dimension “immigrée” est très importante chez Nicolas Sarkozy. D'autant plus importante qu'il la nie tant qu'il peut. Il s'en sert du bout des lèvres, quand ça l'arrange, mais il passe toujours très rapidement sur ses origines juives et lorsqu'il s'est rendu en voyage officiel en Hongrie, peu après son élection, il n'est pas allé dans le village d'où est issue sa famille paternelle. En fait il évoque toujours le sujet sans s'y arrêter ; il a l'art de faire en sorte que lui-même ne se pose pas de questions, et qu'on ne lui en pose pas. Je crois que la haute intensité psychique du mot “rupture” dans son discours a été sous-estimée. Ça ne renvoie pas seulement à la rupture politique ou idéologique, mais à des choses fondamentales chez lui : il est un produit de cette rupture. Rupture entre ses parents divorcés, mais aussi rupture par l'émigration. Sans oublier l'histoire de son couple. C'est très intense, et il le sait d'autant moins qu'il est constamment dans l'action ; à une action il en substitue en permanence une autre. Il ne prend pas le temps de distinguer ce qui est signifiant pour lui de ce qui ne l'est pas. »

Le « bon accueil » réservé à Rachida s'expliquerait-il ainsi par la fragilité profonde de ses protecteurs ?

« Au fond, ceux qu'elle impressionne avec une telle intensité sont des gens justement issus, comme elle, de l'immigration, d'une manière ou d'une autre. Rachida Dati renvoie Simone Veil à quelque chose sur lequel elle est extrêmement discrète, ce qui n'est pas un tort : ses origines. Il en va ainsi avec Sarkozy. Rachida Dati a l'art de présenter à ses interlocuteurs un miroir. Ainsi ce n'est pas à elle qu'ils ne peuvent rien refuser : c'est à eux-mêmes qu'ils n'ont pas envie de dire non. À cette part ombragée qu'elle réussit à valoriser, à mettre en lumière grâce à l'énergie qu'elle dégage. Elle a ce vrai talent de savoir tendre aux gens le miroir dont ils ont besoin à un moment donné. Et sa détermination joue beaucoup : quelqu'un qui a un tel désir, inconditionnel, incontournable, ça impressionne. Cette volonté d'y arriver, d'en être, ça laisse toujours un peu pantois. Elle sait parfaitement donner à l'autre le sentiment qu'il existe. Tous les gens qui ont ce talent, et ce pouvoir, jouent sur du velours parce que chacun d'entre nous a besoin d'éprouver ce sentiment d'existence. Or ils ne sont pas nombreux, ceux qui sont capables de nous le restituer. Forcément, une telle personne donne envie de miser sur elle. Mais ça la rend fragile. Elle se met dans une position où il faut tenir ses promesses. Assurer... »

En tout cas, entre elle et lui, l'alchimie fonctionne vite. À la faculté de Nanterre dans les années 1980, le jeune Sarkozy était déjà intrigué par cette nouvelle génération de jeunes gens ambitieux qui habitaient Gennevilliers ou Argenteuil et voulaient, comme lui, devenir avocats. Il envisagea même fugitivement, lors de ses premières plaidoiries, une collaboration régulière avec une jeune femme d'origine algérienne, particulièrement brillante. Ainsi, quand vingt ans plus tard Rachida Dati, cette élève des carmélites qui observe le ramadan, retourne avec lui dans les banlieues, le candidat à l'Élysée revisite ses souvenirs d'étudiant. Il admire l'autorité qu'elle déploie auprès des lascars de 2,10 m et le respect dont on l'entoure. Pour couronner l'idylle, Cécilia l'a immédiatement adoptée. C'est un élément décisif en soi.

Pendant ces années d'initiation politique, Rachida n'a jamais cessé de partager avec Morad Aït-Habbouche, même à distance, le fruit de ses expériences. Lorsqu'il la voit s'engager à ce point, le journaliste compte d'abord parmi les sceptiques. Un beau jour, n'y tenant plus, il donne à leur conversation un tour presque solennel ; elle est surprise, mais le laisse parler.

— Écoute, voilà : j'ai envie que tu me dises sincèrement ce que Sarkozy représente pour toi. Est-ce que tu crois vraiment que cet homme défend les mêmes valeurs que nous ? Tu penses sincèrement que Sarkozy est des nôtres ?

Elle respire profondément, et plonge son regard noir dans les yeux de Morad.

— Oui, Morad, je te jure que c'est le cas. Je m'engage, et Dieu sait si je suis consciente que je vais prendre des coups. Je m'engage avec lui parce que je crois en l'homme, parce qu'il incarne toutes les valeurs auxquelles je crois et toutes celles pour lesquelles je me bats depuis toujours.

Elle reprend son souffle et puis se tait, comme si tout était dit.

— Mais tu te bases sur quoi pour penser ça ?

— Sur mon instinct. Je le sens...

— ...

— ... et sur des faits.

Rachida déroule les preuves. Comme cette réunion place Beauvau : le ministre, qui a convoqué tous les préfets de France, les interroge en bloc :

— Vous ne trouvez pas qu'il y a quelque chose qui cloche ?

Interloqués, les fonctionnaires se regardent, protestent timidement. Non, non, tout va bien.

— Eh bien moi, je vais vous dire ce qui ne va pas : vous n'êtes absolument pas représentatifs de la France.

Consternation des convoqués. De cette réunion date la nomination du premier préfet musulman issu de l'immigration, Aïssa Dermouche, qui jusqu'alors dirigeait une école de management à Nantes.

L'anecdote doit convaincre Morad. Et sa copine Valérie. Et tous ceux qui ne comprennent pas comment une fille des cités peut avoir rejoint la droite. La générosité et la solidarité sont des valeurs de gauche, non ? On dit que Bernard Kouchner - ce dont il ne se souvient pas - avait, directement ou indirectement, approché Rachida dès 1994, quand elle était à l'Éducation nationale, afin qu'elle fît partie de la liste PS pour les européennes. La liste s'appelait L'Europe solidaire et

Michel Rocard, premier secrétaire du PS, la conduisait. La légende dit aussi que Rachida, avec l'acuité stratégique qu'on lui a reconnue depuis, déclina l'invitation. Il est vrai que la liste Rocard réalisa un score désastreux - 14,49 % - qui coûta à son leader la candidature socialiste à l'élection présidentielle suivante. Qui sait si en 1995, substitué à Lionel Jospin, encore tendre, il n'aurait pas battu Chirac ? Mais en 1994, François Mitterrand avait encore la force de détester : pour anéantir son rival de toujours, Rocard, il poussa l'affairiste Tapie à présenter contre le PS sa propre liste de centre gauche ; Énergie radicale obtint 12,03 % des voix et offrit au vieux monarque malade l'une de ses ultimes joies politiques. La carrière de Michel Rocard s'arrêta net et la gauche, pour une génération au moins, oublia l'Élysée.

Rachida, c'est un peu la « fille avec des baskets » de Michel Delpech, montée depuis peu sur escarpins. Elle est entière, elle suit son instinct. Et sur le plan politique, jusqu'ici, son instinct lui parle juste. Aux dépens de ses convictions ? Marceau Long, lui, essaya de soustraire Rachida à cet engagement politique.

— Vous verrez, ils tireront de vous tout ce qu'ils peuvent et puis un jour vous risquez de vous retrouver sans rien.

La recommandation ne porta pas. Le grand sage aurait mieux vu sa protégée dans une carrière administrative de haut vol, mais elle est trop déterminée pour que quiconque parvienne à la convaincre. Marceau Long en prendra son parti.

« Il était normal que je lui fasse part de mes réticences. La loi du milieu politique est violente. On n'y pratique guère la charité, ni la philanthropie. Pour Sarkozy, seul le résultat compte. Même si c'est compliqué, s'il faut faire des détours... À cet égard, c'est peut-être ce qui les a rapprochés. Rachida, c'est un peu ça aussi. Elle a la philosophie du résultat. »

L'un et l'autre se retrouvent en phase avec l'époque. Ou du moins, avec la tendance dominante au sein des entreprises, qui déteint sur les relations sociales dans leur ensemble. Il n'est plus question désormais que de performance, de contrats d'objectifs, de rentabilité à court terme, d'évaluation continue. Le politique, vidé de sa substance par l'impuissance socio-économique de tous les gouvernements qui se sont succédé depuis trente ans, a adopté les « valeurs » de l'entreprise. Nicolas Sarkozy et Rachida ne cachent pas leur admiration pour les gagneurs : patrons du CAC 40, champions du Top 50. Le pragmatisme est leur force, qui les protège des états d'âme. Elle glissera même à la télévision, pendant la campagne 2007, un lapsus intéressant (« Nicolas Sarkozy souhaite devenir le patr... euh, le président de tous les Français »). « Plus qu'à l'égalité, je crois à l'équité », déclare alors le ministre de l'Intérieur. Pour moderniser la politique, il s'apprête à la désacraliser. Et sous le « volontarisme républicain », il ne sera pas loin de promouvoir une énergie de l'instinct et de l'instant. Il se veut « pour l'adaptation, le changement permanent ». « Je veux mettre mes convictions sur la table. » Le discours est viril. Césariste.

Rachida et Nicolas ne sont pas semblables mais complémentaires, estime Bernard Kouchner. Ils exercent probablement l'un envers l'autre une fascination réciproque. Sarkozy, comme tous ceux à qui elle a écrit et téléphoné depuis qu'elle a inauguré la méthode Dati, est épaté par l'invraisemblable obstination de la jeune femme. Par son réalisme qui ressemble tant au sien. Par le miroir qu'elle lui tend, dirait Jean-Pierre Winter. Par sa capacité de ne jamais regarder en arrière, de foncer droit vers ce qu'elle veut être son destin. « Sarkozy est l'homme de l'instant et de la vibration, analyse Christophe Barbier, directeur de *L'Express*. Il n'a pas de rapport avec le passé, avec l'histoire. C'est Henri Guaino qui l'a aidé à se structurer. » Henri Guaino confirme, lui, qu'« il n'y a pas d'idéologie sarkozyste » et, pour pallier cette béance, convoque dans les discours futurs du candidat les noms les plus divers et les plus inattendus. Jaurès, Blum, Péguy et Guy Môquet seront ainsi plongés dans le grand débat présidentiel, côté droit.

Marceau Long se fait bon gré, mal gré à la nouvelle carrière de Rachida. « Je l'ai rencontrée plusieurs fois quand elle était au cabinet de Sarkozy, à l'Intérieur, puis aux Finances, raconte-t-il. Qu'il l'ait conservée auprès de lui à ce moment, ça m'a conforté dans l'idée qu'elle était quelqu'un de vraiment valable. Et pas seulement une "juppette [7]" Elle m'a invité à son bureau. Elle gérait notamment les conventions collectives qui couvrent les conflits du travail. C'était un secteur important, et elle s'en est sortie. »

Bienvenue au club

Place Beauvau d'abord, à Bercy ensuite, où elle escorte donc le nouveau ministre de l'Économie et des Finances en 2004, Rachida poursuit sa découverte des hautes sphères de l'État. Si elle n'est pas immédiatement aussi proche de Nicolas que les Claude Guéant, Laurent Solly, Franck Louvrier ou David Martinon, elle peut toutefois considérer qu'elle fait désormais partie du « clan Sarkozy ». Ses liens avec Cécilia se resserrent. Rachida tiendra même un rôle inattendu de confidente pendant la tumultueuse séparation du couple en 2005 ; Cécilia tombe alors amoureuse d'un publicitaire, Richard Attias, orchestrateur de la convention de l'UMP, et quitte, comme il est d'usage de l'écrire, le domicile conjugal. La photo du duo adultérin en couverture de *Paris Match* coûtera sa place au directeur de la rédaction de l'hebdomadaire.

Rachida essaie toujours de rallier Morad à sa cause. Elle lui propose un soir de l'accompagner à un meeting où Sarkozy doit intervenir. L'un des sujets abordés : la discrimination positive. Tout le monde est contre. Les militants d'hier et les petits jeunes. En quelques phrases soutenues par une force de conviction qui fait elle-même, parfois, oublier les paroles, « Sarko », comme on l'appelle de plus en plus souvent, retourne la salle et sort sous les acclamations. Morad avoue son respect : l'homme sait communiquer.

Depuis qu'ils se sont rencontrés, Morad et Rachida sont restés en contact permanent. Même quand ils ne se voyaient pas, ils continuaient de partager leurs expériences et leurs réflexions. Elle est encore place Beauvau quand elle croise Hakim El Karoui. De père tunisien et de mère française - professeur à Polytechnique -, El Karoui est agrégé de géographie, ancien élève de l'École normale supérieure de Fontenay-Saint-Cloud et spécialiste de la Palestine. Autant dire qu'il n'arrive pas de la cité du Bout-du-Lac. À 35 ans, il est l'une des plumes du Premier ministre Jean-Pierre Raffarin. Cette nouvelle rencontre donne des idées à Rachida, qui appelle Morad Aït-Habbouche.

— Il faut absolument que tu le connaisses.

Le rendez-vous est donc organisé à l'hôtel Matignon.

« Je m'en souviendrai toujours, raconte Morad. Nous étions à l'extérieur du bâtiment, et soudain nous voyons approcher une femme d'un certain âge qui se précipite dans notre direction. Je me demande un peu ce qui se passe, mais c'est Rachida qu'elle a vue : elle lui tombe dans les bras. En fait, il s'agissait de la femme de ménage d'Albin Chalandon. Une dame d'origine marocaine qui vit en France depuis trente à quarante ans. Elle et Rachida se connaissaient très bien. »

Tout sourire, Rachida raconte alors à Morad comment les trois enfants de cette femme ont pu poursuivre leurs études grâce à Albin Chalandon, qui les a prises en charge.

« C'est ça, Rachida, poursuit Morad. Elle connaît aussi bien les gens d'en bas que les gens du haut. Si nous, qui sommes arrivés à un certain échelon, nous n'aidons pas les gens d'en bas, si nous ne servons pas de relais à ceux qui n'ont pas eu notre chance ou seulement la dynamique d'aller rencontrer les autres, alors nous ne servons à rien. »

Justement, il s'agit d'agir. Dès ce soir. Dès ce premier rendez-vous avec Hakim El Karoui. Ils ne sont que tous les trois.

Il nous faut créer quelque chose, une structure qui permette à chacun de réussir.

— Une association ?

— Non, une association ça doit se faire subventionner, c'est compliqué, et puis il y en a tellement. Quelque chose d'original, et d'efficace.

— Une sorte de réseau, alors ? Un club ?

Oui, un réseau. La rencontre, c'est le mot-clé. Morad doit ce qu'il est à une rencontre, un professeur de français. Rachida a eu la chance de rencontrer Albin

Chalandon. Une seule rencontre peut bouleverser une vie. Alors pourquoi pas un club, en effet. L'idée fait son chemin. Se précise. Un espace informel, réunissant des gens venus de tous les horizons, quelle que soit leur origine. Des Africains, des Chinois, des Algériens et des Marocains bien sûr. Une illustration vivante de la diversité française. Les trois comparses vont se plonger dans leurs carnets d'adresses et les annuaires professionnels. Pour l'Éna ou Polytechnique, ils font chou blanc : le métissage n'a pas encore atteint ces écoles-là. Parmi les médecins, les informaticiens ou les avocats, en revanche, ils dénichent quantité de « réussites » exemplaires. Autant de noms qui vont venir nourrir les effectifs du club XXIe siècle, créé en 2004 sur un principe simple mais novateur : se vouloir ni de droite ni de gauche, et inviter tous les grands patrons et tous les politiques qui le souhaitent à venir y écouter la parole de ceux à qui on la donne rarement. « Nous voulions offrir à ces personnalités une ouverture sur une population qu'ils connaissaient mal, ou pas du tout. » Les statuts du club résument mieux encore la volonté de ses fondateurs : « Démontrer et populariser l'idée selon laquelle la diversité de sa population est une chance pour la France. » Et mener « toute action et réflexion pouvant aller dans ce sens ». « Si nous parvenons à restituer ce que la France nous a donné, nous aurons gagné notre combat. C'est exactement ce que veut Rachida : rendre à la France ce que la France lui a donné. »

Discrètement, le club XXIe siècle entre en action. Lorsque Rachida organise une table ronde patronale place Beauvau, elle en profite pour aiguiller vers de grandes entreprises les jeunes gens méritants rencontrés grâce au club. Celui-ci l'aidera également quand il lui faudra trouver du travail à 450 jeunes après le passage tout en promesses de Nicolas Sarkozy à La Courneuve.

Les patrons et les politiques se prêtent au jeu. Ils sont nombreux à participer aux dîners débats organisés par le club. Au hasard, Jean-Martin Folz, à l'époque P-DG de Peugeot-Citroën, Serge Weinberg, ancien président du directoire du Groupe PPR (Pinault-Printemps-Redoute), Gérard Mestrallet, P-DG de Suez, Yazid Sabeg (CS Communication), Ernest-Antoine Seillière, ex-patron des patrons (Medef), Claude Bébéar, président du directoire d'Axa et de l'Institut Montaigne, Laurent Fabius et Alain Juppé, anciens Premiers ministres chauves, Philippe Séguin, président de la Cour des comptes, Jean-Paul Delevoye, ancien ministre, Edwy Plenel, ex-directeur de la rédaction du *Monde*, Franz-Olivier Giesbert, patron du *Point*, Jean-Pierre

Elkabbach, directeur d'Europe 1, Patrick Poivre d'Arvor, présentateur du 20 heures de TF1, Jamel Debbouze, acteur *bankable*, Louis Gallois, aujourd'hui président d'EADS, alors P-DG de la SNCF, Denis Olivennes (Fnac), Jacques Toubon, ancien ministre et député européen, Louis Schweitzer, ancien P-DG de Renault, aujourd'hui président de la Haute Autorité de lutte contre les discriminations. Et Henri Proglio, qui dirige Veolia (ex-Vivendi Environnement, ex-Compagnie générale des eaux) : leader de la distribution d'eau dans le monde, Veolia est traditionnellement lié aux milieux chiraquiens. Henri Proglio, participant attentif des réunions du club, nourrit, dit-on, quelques ambitions politiques et il ne lui échappe pas que l'ardente animatrice du club XXIe siècle, au demeurant délicieuse, est aussi très proche de Nicolas Sarkozy. La jeune femme se fera un plaisir de rapprocher les deux hommes avant l'élection présidentielle. Des intellectuels tels qu'Emmanuel Todd, inventeur de la théorie de la fracture sociale avant 1995, Alain Finkielkraut ou Marcel Gauchet viennent également, à l'occasion, éclairer les débats.

Pendant deux années fastes, le club va jouer pleinement le rôle qu'avaient choisi pour lui ses créateurs. Il sera même rejoint par une flamboyante « Sénégauloise »,

Rama Yade, qui n'a pas fini de faire parler d'elle. Mais un an avant la décisive échéance électorale de 2007, Rachida Dati et Morad Aït-Habbouche claquent la porte. Leur lien avec Hakim El Karoui s'est distendu. « Il était convaincu que nous voulions lui enlever la présidence. Or il n'en était pas question une seconde à nos yeux. Nous avons seulement regretté que certains cherchent à utiliser le club pour leur intérêt particulier. Ça allait de l'organisation de colloques à des voyages. » « Le gotha des minorités ne souhaitait pas devenir une officine sarkozyste », écrira de son côté *Le nouvel Observateur*[8] pour expliquer les dissensions. Quelques mois plus tard, entre les deux tours de la présidentielle, Hakim El Karoui signera dans *Le Monde* une tribune appelant à voter pour Ségolène Royal. Si la rupture est consommée, l'aventure n'aura pas été inutile. Entre-temps, Rachida aura encore bougé. Et suivi Sarkozy, au conseil général des Hauts-de-Seine cette fois - en tant que directeur général adjoint. Puis à nouveau place Beauvau, officiellement chargée du projet de loi sur la délinquance. Un jour elle croise Bernard Kouchner sur un trottoir de la rive gauche. Bisous. Comment vas-tu. Quelles nouvelles. Elle lui parle de son engagement politique, de Sarkozy. Radieuse, et un rien provocante :

— Il faut que tu viennes travailler avec nous !

— Ça va pas, non ?!!!

Le *French doctor* est offusqué. L'histoire a de ces ironies...

1. *Le Point*, 5 avril 2007.

2. *Le nouvel Observateur*, 12 juillet 2007.

3. « Rachida Dati, Paroles de Sarko », *Elle*, 2007.

4. *La vraie nature de Nicolas Sarkozy*, Michaël Darmon, Seuil, 2007.

5. Parmi ses ouvrages, *Les hommes politiques sur le divan*, Calman-Lévy, 1995 ; *Stupeur dans la civilisation*, avec Valérie Marin La Meslée, Pauvert, 2002.

6. « Je crois que ceux qui sont venus d'ailleurs se sentent un peu illégitimes en France », Nicolas Sarkozy, *Philosophie Magazine*, mars 2007.

7. « Jupette », le surnom générique attribué aux femmes ministres du gouvernement d'Alain Juppé en 1995.

8. *Le nouvel Observateur*, 30 août 2007.

9

Une France en campagne

« Ça boit le petit noir ou le petit vin blanc
Ça cherche la bagarre et du boulot souvent
Ça lève le poing, ça bouge, ça manifestationne
Ça sort tous les samedis dépenser son pognon

Ça fait de l'huile d'olive et du couscous poulet
Ça trinque à la pétanque, au comptoir, chez Marcel
Ça Brassens à tout-va, c'est beau les seins d'une fille
Ça camembert, le chinois, ça frise à la Bastille

Ça flique quand même pas mal, ça repasse à tabac
Ça chauffe un peu dans les bals, je rentre à la casbah
Ça bouche sur les périphs, ça rôde encore la nuit
Ça fait des hiéroglyphes et ça fait des petits

C'est ça la France
Du chili dans les gamelles et du vin dans les bidons
C'est ça la France
Du Laguiole à l'Opinel, partager les saucissons
C'est ça la France
On est tous des frères selon les déclarations
Enfin, je pense, faut jamais les oublier
Les trois qui terminent en Té. »

Marc Lavoine, « C'est ça la France »

— Je ne vous comprends pas...

C'est un aveu qui vient du cœur. Sincère comme jamais. Chirac courbe l'échine. Son regard erre d'une caméra à l'autre. Voyage sans oser s'attarder sur les visages de ses interlocuteurs, plus illisibles que les masques africains dont le président sait au moins définir le mystère. Ce soir, c'est sans espoir. Comme si le poids des ans s'abattait d'un seul coup sur ce qui lui reste d'énergie.

En ce printemps 2005, la France *noniste* s'apprête à rejeter méchamment le projet de Constitution européenne imaginé par Valéry Giscard d'Estaing et défendu par la majorité des « décideurs » de l'Hexagone. L'idée de ce référendum, dont le résultat, fin juin, portera un coup très dur à la construction de l'Europe, on la doit à Jacques Chirac, jamais en panne d'initiatives suicidaires. Le 14 avril, au vu des sondages catastrophiques pour le camp des *oui*, le président de la République espérait encore inverser la tendance. C'est pourquoi il avait décidé de débattre en direct à la télévision avec un groupe de 83 « jeunes adultes ». De cette émission date peut-être l'achèvement définitif d'une époque. C'est peu de dire qu'entre l'homme politique et ses invités, le courant n'est jamais passé. Dans les propos des uns, une absence effrayante de vision collective et de perspective historique, beaucoup de confusion, une obsession corporatiste, des inquiétudes de petits vieux. Face à eux, un discours fatigué, paternaliste, raisonnable, dépourvu de conviction. Les évidences du président n'étaient pas celles de son auditoire. Quelque chose est cassé depuis un moment entre le peuple et ses élites, et le 14 avril au soir, cela s'est vu terriblement.

Message aux jeunes

23 février 2006, Perpignan. Le parc des expositions résonne des chants et des cornes de brume d'une foule en pleine forme. Les cars de militants UMP et surtout les bataillons chamarrés des « Jeunes Populaires » venus de tout le département des Pyrénées-Orientales, de l'Aude ou de l'Hérault ont rempli à ras bord une salle qui piétine en attendant son candidat. Les tee-shirts blancs des uns, barrés de slogans rouges, composent avec l'azur des autres et la ligne vert horizon des

affiches de campagne une houle écumante et hilare. Les drapeaux occitans retardent le coucher du soleil. Une musique martiale, façon « Champions League », entretient l'excitation.

« Et ils sont là, et ils sont là les Ca-ta-lans ! Et ils sont là les Caaaa-ta-lans... »

Cette fois, la présidentielle 2007 est vraiment lancée. Royal descend dans les sondages, Sarko se maintient en tête. Chaque déplacement, chaque interview peuvent être décisifs. En coulisse, Rachida Dati apprécie. Veste noire, chemisier blanc. Stricte et émue. Comment demeurer insensible à une telle ambiance ?

— Regarde comme ils sont chauds ! Vas-y, parle avant moi, ils vont être ravis...

— Hein ?

— Mais oui, tu connais ton texte, ça va très bien se passer, vas-y !

Sarkozy se marre et la porte-parole ravale sa salive. Nouveau regard vers la foule. Au premier rang, François Fillon lui a gardé une place. C'est parti. Son premier meeting.

— Chers amis...

Le candidat n'est pas inquiet. Rachida le suit d'assez près et depuis assez longtemps pour avoir intégré la dialectique gagnante. Ce soir-là, elle sera « exceptionnelle » (*sic*), applaudie à tout rompre par les 8 000 personnes présentes. Après de tels préliminaires, Sarkozy n'a plus qu'à porter jusqu'à l'extase une audience grisée d'amour. L'après-midi, dans la maison de quartier de la cité Maillol, il a défendu sa conception de la discrimination positive face à des jeunes issus de l'immigration. « Si je suis élu, je veux que dans les cabinets ministériels, à la tête des administrations, il y ait des femmes et des hommes qui représentent la diversité de la France. Or, sur la ligne de départ de la vie, on ne part pas tous du même point. Quand on n'a pas la couleur de peau de tout le monde, quand on a un nom qui n'a pas la même consonance, quand sur son CV on met l'adresse de tel ou tel quartier, c'est plus difficile de trouver un emploi. Si on ne voit pas ce diagnostic, on n'apporte pas de réponse. Entre la cité Maillol et le boulevard Saint-Germain, c'est plus long que la traversée de l'Atlantique à la rame. Je veux une égalité réelle, pas virtuelle. C'est ma conception de la discrimination positive à la française. » Et s'il a désigné Rachida Dati comme porte-parole, insiste-t-il, c'est justement « pour ses qualités intrinsèques bien sûr, mais aussi pour envoyer un message aux jeunes ».

La journée a été dense, comme toutes celles qui le rapprochent de l'objectif ultime. Son élection est à ce prix. Ce soir il faut remettre ça. Au menu, la chienlit. Et ses remèdes. Il est le seul, assure-t-il, à entendre la demande de protection qui monte des profondeurs du pays.

« L'ouvrier, c'est le premier qu'on agresse ! C'est le premier dont on brûle la voiture ! C'est le premier qui se retrouve au chômage quand la concurrence chinoise attaque le marché européen à coups de dumping monétaire, social, écologique ! Voilà la vérité. L'ordre protège le plus modeste, le plus humble, le plus fragile. Voilà pourquoi je suis en faveur de l'ordre républicain ! »

Acclamations. Bain de foule. En nage comme une popstar, chemise blanche et col ouvert, il reçoit dans sa loge de jeunes spectateurs intimidés.

Porteuse de mots

La Dati porte-parole, c'est une idée de Cécilia. Pour elle, Rachida représente la France d'aujourd'hui. Il n'a pas été long à convaincre.

— Porte-parole ? Qu'est-ce que je dois faire de spécial ?

— N'essaie pas de changer. Reste comme tu es [1].

L'idée est excellente et a le mérite de doubler sur sa gauche la candidate socialiste. La réaction viendra quelques jours plus tard, avec la nomination symétrique, dans le camp d'en face, de la jeune et télégénique Najet Belkacem. Il faut dire que sur le terrain où Sarkozy l'envoie, Rachida a du pain sur la planche. La sortie du candidat, quelques mois plus tôt, sur la « racaille » à « nettoyer au Kärcher » vaut à l'entreprise de lavage industriel une notoriété inespérée. Mais elle est paradoxalement quasi indélébile. Les déclarations télévisées sur ces immigrés « qui égorgent des moutons dans leur baignoire » ne facilitent pas davantage la tâche de sa porte-parole. La problématique de Sarkozy est simple, et tient du grand écart : il lui faut à la fois ramener au bercail les électeurs du Front national et ne pas effaroucher outre mesure les jeunes générations.

Côté gauche, Ségolène Royal a inventé la « bravitude » et lancé dans le Poitou ses jurys citoyens : en réponse à la volonté de rupture de Sarkozy, une façon de prendre acte du discrédit et de l'antiélitisme qui semblent sonner le glas de la démocratie représentative. La défiance à l'égard des professionnels de la politique est telle que tous, dorénavant, peuvent s'improviser experts. La technologie et la candidate socialiste les y encouragent. C'est la démocratie participative. On ne tire pas encore au sort les élus du peuple, comme à Athènes, mais on ne veut plus entendre parler de hiérarchie, d'autorité, de verticalité. « L'incompétence est le gage de la démocratie, raille Claude Allègre, ancien ministre de Lionel Jospin. N'importe qui pourra avoir une opinion sur n'importe quoi [2]. »

L'ancien Premier ministre Jean-Pierre Raffarin, qui fut directeur marketing des cafés Jacques Vabre, fait profiter de ses lumières le candidat de l'UMP. Il écrit dans une « Lettre à Nicolas Sarkozy » qu'« un président au cœur sec serait mal compris et se priverait de beaucoup de leviers d'action. [...] C'est l'obligation du président de la République de prendre en charge la douleur de ses concitoyens mais, pour lui, c'est aussi une chance de reconquérir une proximité et une vérité dont on refuse bêtement de le créditer [3]. » En dépit de tous ses efforts pourtant, Rachida ne parviendra pas à organiser avant le vote, en banlieue, le *happening* populaire et réconciliateur qui aurait fait oublier les propos déplacés. Il va falloir gagner sans les quartiers dits « sensibles » qui abritent une majorité de jeunes, dont un sur trois pointe au chômage.

En 2005, deux événements opposés et complémentaires ont braqué les projecteurs sur la vie telle qu'elle se supporte de l'autre côté du périph : la victoire triomphale aux César, d'abord, du très beau film d'Abdellatif Kechiche, *L'Esquive* - une peinture stimulante et sans pathos de la réalité suburbaine française. Les émeutes de l'automne, ensuite : vingt et un jours de saccages, plus de mille véhicules incendiés, des bus, des écoles et des gymnases dévastés. Deux cent cinquante-six personnes interpellées, dont 85 mineurs. Et le couvre-feu imposé par le Premier ministre Dominique de Villepin. Le couvre-feu ! On n'avait pas vu ça, en France, depuis la guerre d'Algérie. En 2005, Nicolas Sarkozy est encore à l'Intérieur. À son actif, l'absence de bavure grave de la part des forces de l'ordre, malgré la violence des affrontements. En revanche, à l'origine de la colère, il y a la mort accidentelle à Clichy-sous-Bois de deux gamins sans histoires ; Zyed et Bouna ont péri électrocutés dans le transformateur EDF où ils s'étaient réfugiés alors qu'ils étaient poursuivis par la police. Les déclarations du ministre, qui décrivit trop vite les victimes en délinquants, aggravèrent la tension.

Les émeutes urbaines confirment une chose : c'est bien une République à deux vitesses qui va élire son président en 2007. Aux uns le confort et la protection, la consommation possible jusqu'à plus soif, l'affairisme ostentatoire. Aux autres la relégation effective, la décomposition lente et la dévalorisation. Abandonnée aux « politiques de développement des quartiers délicats » qui l'ont démultipliée en ZUP, ZEP, ZUS, ZRU ou ZFU [4], la zone ne pouvait pas garder éternellement sa rage sous cloche. Le département de Seine-Saint-Denis - le fameux 9-3 - est en voie de paupérisation continue. Le prix des logements y baisse régulièrement, ceux qui peuvent s'en aller le font. Les autres, les sans-papiers, les sans-horizon, y atterrissent ou y végètent. La ghettoïsation se met en place. L'explosion de 2005 était prévisible.

C'est dire si Rachida Dati, là où elle est, fait figure d'icône. D'espérance incarnée. Une responsabilité lourde pour des épaules fragiles, surtout dans une campagne électorale où tous les coups sont autorisés.

Son *alter ego* sarkozyste Xavier Bertrand, également chargé de porter la parole du candidat, l'a prise en grippe. Il lui fait sentir la condescendance qu'elle lui inspire et n'hésite pas à prendre les journalistes à témoin de ses insuffisances. De ces humiliations répétées, écrit *L'Obs*, elle aurait « beaucoup pleuré [5] ». Partagé entre angoisse et fierté, son père l'avait prévenue : « Tu vas prendre des coups ! » Elle tient pourtant le choc et se relève. Accepte même les séances de training vidéo que Jean-Claude Narcy, ancien présentateur de TF1, organise pour l'UMP. Passée en quelques jours de la discrétion du cabinet à la surexposition médiatique, elle s'est adaptée. Certes, elle a encore tendance à encenser son patron à tous les coins de phrase. C'est au point que Jean-Pierre Elkabbach, qui la reçoit à Europe 1 [6] pour sa première interview radio, lui recommande d'« arrêter de parler de Sarkozy comme si c'était Dieu ». « De temps en temps il faut lui envoyer un pruneau. » Et Dieu sait qu'Elkabbach n'est pas sarkophobe. Mais le conseil ne sera pas suivi. « Nicolas Sarkozy nous a appris à travailler. Il a une méthode, il est pragmatique, il écoute et il échange. Je veux rendre audible ce sur quoi il n'a pas été suffisamment entendu, comme la protection des mineurs ou les violences conjugales [7]. »

La néophyte, au fil des semaines, prend de l'assurance. Manie de mieux en mieux le verbe, y compris en public. Après « France Europe Express », sur France 3, où elle l'a reçue en compagnie de quelques vieux briscards, Christine Ockrent est à son tour impressionnée. « Elle est brillante. Elle ira loin. » D'une émission à l'autre, Rachida cache mal son exaspération de se voir réduite à son parcours, à ses origines, à son père maçon et à sa mère qui ne savait ni lire ni écrire. Certes, c'est son histoire et c'est aussi pour ça qu'elle a été choisie. Mais elle ajoute légitimement : « On oublie que j'ai travaillé dur. Cela me peine aussi parce qu'on donne l'impression que j'ai usurpé quelque chose. Ça me désole de devoir le dire, mais j'ai travaillé et je ne suis pas si jeune, j'ai 41 ans[8]. »

Au soir d'une conférence dédiée aux enjeux internationaux, les politiques se pressent dans la loge du candidat, jusqu'à l'étouffer. Rachida Dati glisse à l'oreille de Yasmina Reza, qui le raconte dans son livre : « Regarde-les, regarde-les comme ils sont collés à lui. Tu tues ta mère pour être assis à côté de lui ou pour être sur la photo pendant la *Marseillaise*. Moi je ne monte plus jamais sur la tribune, j'ai peur de me faire lyncher[9]. »

Elle n'a pourtant plus le choix. Les meetings se succèdent. Le 12 avril, elle compose avec Rama Yade et Valérie Pécresse l'aréopage ministrable et féminin qui accompagne François Fillon dans sa bonne ville du Mans. *United colors of Sarkozy...* Là encore, Rachida s'agace d'être considérée, de-ci de-là, comme une potiche en jupe. Elle sait toutefois que ce genre de raccourci fait partie des ingrédients inévitables d'une campagne présidentielle. Et puis la féminisation de la vie politique n'est pas en soi un argument sans valeur.

Le premier tour de l'élection a lieu le dimanche 22 avril. La participation est exceptionnelle (85 %). Nicolas Sarkozy réalise un score remarquablement élevé (31,18 %). Lui-même a du mal à y croire. Ségolène Royal (25,87 %) sera son adversaire au second tour. François Bayrou (18,57 %) ne réussit pas à dépasser la candidate socialiste, dont tous les sondages prédisent qu'elle ne pourra devancer Sarkozy au deuxième tour. Pauvre Bayrou qui aurait eu sa chance, lui, dans un tel cas de figure. Mais un éditorial du très influent patron du *Monde* lui a fait beaucoup de mal : proche de Sarkozy et cependant directeur d'un quotidien marqué à gauche, le matois Jean-Marie Colombani y adjura en effet ses lecteurs d'envoyer en finale le duo

Sarko-Ségo. Les apparences étaient sauves et l'empêcheur de sarkozer en paix renvoyé à ses chevaux. Royal en finale, tout le monde, à l'UMP, en rêvait... Ce n'est d'ailleurs pas l'effet de sa seule galanterie si Nicolas Sarkozy, des mois durant, célébra en toute occasion les qualités de sa concurrente socialiste. Elle lui apparaissait à l'évidence comme la plus friable entre tous ses adversaires potentiels, ce que démontrèrent la campagne et le scrutin.

Les résultats du 22 avril confortent également la stratégie « ultradroitière » inspirée par le résultat du Front national cinq ans plus tôt. L'objectif est atteint : Le Pen n'atteint pas même les 11 %, et Sarkozy est placé en tête dans toutes les régions où le FN avait réussi à s'implanter sérieusement, en vingt ans d'ascension continue. Le discours sécuritaire est en train de payer. Attention tout de même : Sarkozy prévient ses troupes contre tout risque de démobilisation et les exhorte à se battre « jusqu'à la dernière seconde de la dernière minute de la dernière heure du dernier jour »...

Fille prodigue

23 avril. Dès le lendemain du premier tour, tout le monde est sur le pont. Vedette américaine au meeting de Dijon, Rachida retrouve avec un serrement de cœur sa Bourgogne natale. Sent-elle, sait-elle que c'est déjà gagné ? L'apparence du calme la rend alors plus belle, parfois même rayonnante, comme elle l'était adolescente. Ironie du destin, elle intervient après Enrico Macias ; le concert à Chalon, son incursion en coulisse, c'était... hier. À elle de se lancer. Si elle bute parfois sur le texte préparé avec Henri Guaino, elle paraît pénétrée d'une sérénité passagère à laquelle ce retour éclatant en terre d'efforts n'est sans doute pas étranger. Par-delà la ligne bleue des militants et de leurs étendards, ce sont les anciennes angoisses qu'elle contemple, les années de doute et de vache enragée. Les larmes amères de l'impuissance qu'elle ressentait, exténuée, aux heures les plus pâles de ses nuits de clinique.

« Mes chers amis... Ce soir vous pouvez imaginer mon émotion parce que je reviens à Dijon, je reviens dans cette ville où j'ai fait une partie de mes études et qui m'a tant donné. Dans cette ville où j'ai tant rêvé ce qu'allaient être tous mes lendemains. Dans cette ville où j'ai beaucoup travaillé pour que mon avenir soit autre que celui qui semblait être écrit... Je passe près de la clinique de Chenôve et je pense à tous les aides-soignants et à toutes les infirmières, et à tout le personnel avec qui j'ai travaillé, à ceux qui m'ont accueillie à bras ouverts dans cette clinique, qui m'ont tous les jours à leur côté appris et tant donné auprès de gens qui souffraient, et qui n'ont jamais été reconnus ; à ceux qui s'épuisent pour gagner si peu, à ceux qui ont tant envie qu'on leur parle mais surtout qu'on les écoute. Avec eux avec qui j'ai tant ri, tant changé et tant partagé... »

Un mot, ensuite, pour les électeurs du Front national, « dont tout le monde nous disait qu'ils étaient définitivement perdus et qui sont en train de revenir dans le champ de la démocratie ».

Puis elle revient à Sarkozy. « Regardez son score dans les quartiers populaires : on nous a dit qu'il ne ferait jamais l'unanimité auprès d'eux, que c'était la terre de la gauche, que nous ne les comprenions pas. Mais ces quartiers moi je les connais, j'y ai vécu, j'y ai passé mon enfance, ma jeunesse, je savais qu'ils seraient nombreux à adhérer à son projet ! Jamais ces quartiers n'ont autant eu envie de vérité, et de franchise. Jamais ces quartiers n'ont autant voulu qu'on leur parle de leurs problèmes, pourvu qu'on leur propose des solutions. Quelque chose de neuf, quelque chose de vrai. Oser donner plus à ceux qui ont moins, oser mettre en place la discrimination positive à la française, alors que depuis des années, on se résigne à des inégalités, à des injustices inacceptables. Depuis le début de cette campagne je suis convaincue que les Français n'ont pas peur du changement, ils ont peur de l'immobilisme. Ils savent qu'on n'a pas le droit d'avoir pour la France autre chose qu'une grande ambition. [...] Le résultat d'hier m'a renforcée dans ma conviction : ce soir je sens se lever l'espoir d'un nouveau rêve français ; oui, un rêve nouveau, le rêve d'une France plus fraternelle, plus unie, le rêve d'une France dans laquelle les plus fragiles ne seront plus jamais seuls, dans laquelle la force des uns sera mise au service de ceux qui en ont besoin, le rêve d'une France dans laquelle personne ne restera sur le bord du chemin, le rêve d'une France dans laquelle plus personne n'aura à avoir honte de son nom, de sa couleur de peau, de son quartier, de la profession de ses parents (*applaudissements*). Oui ce nouveau rêve français, il est au fond de mon cœur depuis des années ! En réalité je vous le dis, je l'attends depuis que j'ai 20 ans, je crois même que je l'ai toujours attendu, je n'ai jamais cessé d'y penser quand je travaillais à Dijon, ici même, à quelques centaines de mètres ; quand j'ai commencé mon métier de magistrat à Bobigny et que je voyais tant d'enfants en danger, ou quand j'ai fait mes premiers pas au ministère de l'Intérieur et que j'accompagnais Nicolas Sarkozy rencontrer les victimes que le système laissait seules face à leur drame. Oui, ce nouveau rêve il est la raison de mon engagement, il est tout ce qui m'a donné la force de me battre, il est tout ce que je lisais dans les yeux de mes professeurs quand ils me disaient de me battre, de ne jamais renoncer... »

L'émotion n'est pas feinte. Le retour à Dijon, c'est peut-être le moment le plus fort de sa campagne. Elle a vu dans le public la banderole qui réclamait « Rachida avec Nicolas en 2007 et à Dijon en 2008 ». Revenir dans sa Bourgogne affronter le maire de la ville et n° 2 du PS, François Rebsamen, aux prochaines municipales ? Se forger ainsi une légitimité d'élue locale ? L'idée n'était pas sotte. Quoique nettement plus dangereuse que le boulevard annoncé dans le VIIe arrondissement de Paris. La capitale, c'est son nouveau territoire. Quelqu'un, un jour, devra bien succéder à Bertrand Delanoë : Rachida à l'Hôtel de Ville, ça aurait, à l'égard des bobos progressistes, une autre allure que Françoise de Panafieu, tête de liste UMP, qui s'épuise à se tricoter une image « cool » quand tout en elle trahit la grande bourgeoisie patrimoniale et patronnesse... Mais Paris, c'est plus tard. D'ici là, il reste encore quelques jours de lutte. « L'implacable beauté résolue », comme la dépeint un bloggeur inspiré, truste micros, écrans, estrades et plateaux. Le 1er mai elle défend sur France 2, face au député de Saône-et-Loire Arnaud Montebourg, porte-parole de Ségolène Royal, les conditions plus restrictives imposées au regroupement familial des étrangers. L'amendement Mariani sur les tests ADN n'a pas encore été imaginé et ce soir-là, c'est la gauche qui recule sous les uppercuts de *Battling* Rachida.

Derniers jours de campagne. Le président a réuni en Corse ses plus fidèles grognards. Veillée d'avant-victoire. Rachida Dati, Valérie Pécresse, Nathalie Kosciusko-Morizet, Brice Hortefeux, Claude Guéant, Xavier Bertrand, François Fillon, Éric Besson. Un gouvernement en gestation. Les absents sont ulcérés. Ils n'ont encore rien vu.

Champs-Élysées

Dimanche 6 mai. La garde rapprochée du candidat se regroupe aux étages supérieurs du bunker surprotégé de la rue d'Enghien, dans le Xe arrondissement de Paris. Le QG de campagne a été implanté dans un quartier à forte population immigrée, principalement turque. Une rue où les sans-papiers avaient leurs habitudes... Ce soir, Rachida a convié une partie de sa famille et Valérie, accompagnée de ses deux enfants. « L'ambiance était calme. Nous avons appris les résultats, comme tous les journalistes et les instituts de sondage, en fin d'après-midi. L'ambiance ne s'est jamais animée comme on aurait pu le croire. Comme si les uns et les autres prenaient soudain pleinement conscience de l'enjeu. Le président était dans son bureau avec ses plus fidèles collaborateurs. Nous, les invités, nous étions un peu plus à l'écart, en dehors du premier cercle. Quand il est sorti nous saluer, nous l'avons tous félicité, mais le sentiment dominant n'était pas au triomphalisme. Plutôt à la discrétion. J'ai même été surprise du peu de folie qu'ait pu susciter une telle victoire, après un combat aussi rude. Mais très vite, après quelques embrassades, l'heure de rejoindre les plateaux de télévision est arrivée et chacun s'est dispersé. »

Deux étages plus haut, l'euphorie a quand même gagné le premier cercle lorsque, à 20 heures, le visage du nouveau président s'est dessiné sur les écrans.

Johnny et Laeticia Hallyday, Basile Boli, Georges-Marc Benamou - ancien proche et biographe controversé de François Mitterrand –, Bernard Laporte, sélectionneur du XV de France, Pierre et Jean Sarkozy, Judith et Jeanne-Marie, ses belles-filles, hurlent leur joie. Nicolas Sarkozy (53,06 % contre 46,94 %, soit 2,2 millions de voix d'avance) est royalement élu. Il frôle le score de Mitterrand en 1988 (54 %), pas si loin des 55,2 % du général de Gaulle en 1965. Rachida a observé Sarkozy avec une émotion intense à l'instant où il apprenait le verdict. Maintenant elle file sur France 2, où elle livre entre deux portes sa première réaction à Serge Moati.

— Qu'avez-vous ressenti à l'annonce du résultat ?

— J'ai pensé à lui. Et en ce qui me concerne, j'ai pensé à mon père qui était avec moi aujourd'hui. Et puis à maman qui n'est plus là, mais qui, je pense, est encore un peu avec moi.

De la victoire historique de François Mitterrand le 10 mai 1981, il reste les images d'apparitions discrètes devant l'hôtel du Vieux-Morvan à Château-Chinon et les roses dressées par une foule en liesse, sous l'averse de la Bastille. Du Chirac élu pour terrasser la fracture sociale en 1995, il revient à la mémoire une course-poursuite dans les rues de Paris entre son antédiluvienne Citroën CX et les motards de la télévision. Du plébiscite à la gabonaise qui prolongea le séjour élyséen du même Chirac en 2002, on a retenu le sourire incrédule et crispé de Bernadette, place de la République, face aux acclamations d'un public black-beur-black... C'est Le Pen, après tout, qui venait d'être écrasé par la gauche et la droite réunies. Et ça faisait tout drôle à la première dame de France.

Le couronnement annoncé de Nicolas Sarkozy ouvrira d'autres pages, du grain glacé dont on habille les magazines de mode. La nouvelle histoire commence par un triomphe nocturne et romain place de la Concorde.

« Ce soir il n'y a qu'une seule France ! Je vous demande d'être généreux, d'être tolérants, d'être fraternels, je vous demande de tendre la main ! Je vous demande de donner l'image d'une France réunie, d'une France rassemblée, d'une France qui ne laissera personne sur le bord du chemin ! La victoire n'est belle que si elle est généreuse. La victoire, ce n'est pas la revanche. La victoire, c'est l'ouverture !

Chacun aura sa chance ! Mais cette chance, il faudra qu'il la mérite par son travail, par son engagement personnel... »

Ils sont nombreux à entourer le nouveau chef de l'État, dans une agitation informe qui ravit les caméras. Il y a François Fillon, Premier ministre probable. Et Jean-Marie Bigard, comique troupier, Arthur, animateur et homme d'affaires. Mireille Mathieu, avignonnaise crieuse de *Marseillaise*, Patrick Balkany, ami des Hauts-de-Seine, Jane Manson, chanteuse à voix des *seventies*, Christian Estrosi, ancien motard, Philippe Douste-Blazy, ancien médecin... Et Jean Reno, et Christian Clavier, et Enrico Macias, et puis Johnny, toujours, avec Laeticia, toujours. Et enfin Cécilia Albeniz Ciganer, épouse abstentionniste revenue de ses absences, entourée d'adolescents graciles aux boucles d'or.

La soirée est fraîche. Au pied de l'obélisque, un souffle tiède qu'on dirait descendu des écoles de commerce, des carrés VIP et des plateaux de téléréalité vient caresser les joues des *supporters* enchantés. La *success story* se poursuit au Fouquet's, sur les Champs-Élysées, pour une célébration intime. N'y sont présents, en plus des proches déjà cités, que François Pinault, Arnaud Lagardère, Martin Bouygues, présidents des groupes industriels éponymes, Bernard Arnault (LVMH), Dominique Desseigne (casinos Barrière). Et bien sûr, qui masquent de moins en moins leur complicité,

Henri Proglio (Veolia) et Rachida. « Vous avez aimé Jackie Kennedy, vous adorerez Cécilia Sarkozy ! », confie le président dans l'allégresse. La soirée se prolongera très tard, protégée des caméras et des curieux innombrables qui attendent, sur le trottoir mouillé, d'apercevoir une star. Quand Nicolas esquisse un sirtaki debout devant Cécilia, seul *Paris Match* a le droit de pérenniser l'instant. Demain, l'élu va s'envoler pour Malte. Il tentera de s'offrir trois jours d'un repos difficilement discret, sur le yacht d'un autre de ses amis industriels et obligés, Vincent Bolloré. Fouquet's, croisière et Bolloré : le symbole passe mal dans l'opinion. Du sixième président de la Ve République, certains auraient espéré d'autres signaux aux premières heures de son mandat. Mais comme l'annonçait déjà Dylan en 1965, « The Times they are a-changin... ». Et ces temps-ci sont pragmatiques.

---

1. *Le Parisien*, 18 septembre 2007.

2. *Libération*, 23 octobre 2007.

3. *La dernière marche*, Jean-Pierre Raffarin, Grasset, 2007.

4. ZUP : zone à urbaniser en priorité ; ZEP : zone d'éducation prioritaire ; ZUS : zone d'urbanisation sensible ; ZRU : zone de redynamisation urbaine ; ZFU : zone franche urbaine.

5. *Le nouvel Observateur*, 12 juillet 2007.

6. Europe 1, le 30 octobre.

7. « Rachida Dati, Paroles de Sarko », *Elle*, 2007.
8. *Tribune juive*, n° 28, juin 2007.
9. *L'aube, le soir et la nuit*, Yasmina Reza, Flammarion, 2007.

10

Place Vendôme

« Il est effrayant de penser que cette chose
qu'on a en soi, le jugement, n'est pas la justice.
Le jugement, c'est le relatif.
La justice, c'est l'absolu.
Réfléchissez à la différence
entre un juge et un juste. »

Victor Hugo, *L'Homme qui rit*

À l'origine on la nommait place des Conquêtes. Puis elle célébra Louis le Grand (le quatorzième), qui décida d'en faire une sorte de cité de prestige : la première opération immobilière du genre ; le Roi-Soleil demanda à Mansart d'en dessiner les façades tout en cédant terrains et bâtiments à quelques affairistes. La Terreur la fit place des Piques et la Commune place Internationale. Aujourd'hui la colonne Vendôme lui donne son nom, monumentale et surmontée par la statue de Napoléon Ier - que le peintre Courbet fit abattre sur un lit de fumier en 1871, avant d'être lui-même jeté au cachot par les Versaillais.

Place Vendôme. Paris, Ier arrondissement. Sous ses pavés de granit bouillonne la grande Histoire. Au numéro 15 planent toujours les fantômes d'Ernest Hemingway et de lady Diana Spencer, qui vécut là ses dernières heures légères avant le drame de l'Alma. Propriété de la famille Al Fayed, le Ritz a conservé ses arabesques. Dans son bar aux recoins bleutés, les improvisations d'une harpiste aux cheveux de jais bercent encore quelquefois les rendez-vous maltés d'étranges comploteurs ou les *afternoon teas* d'épouses nostalgiques. Sous les arcades encerclant la colonne, les plus prestigieux joailliers du continent attendent patiemment leur discrète clientèle, accueillie à l'étage par d'accortes jeunes femmes blondes. Frédéric Chopin, au numéro 12, rendit son dernier soupir. À cent mètres, rue Saint-Honoré, les tentures carmin et le velours épais de restaurants branchés continuent d'amortir les propos essentiels d'élégantes dîneuses. Même regard de lac suisse, même Rolex, même Blackberry.

Les siècles ont donc passé. Mais en ce printemps 2007, place Vendôme, rien ne change et tout change. Ainsi, au numéro 13, où l'hôtel de Bourvallais abrite le ministère de la Justice, on sait depuis le pont de l'Ascension qu'une nouvelle locataire est sur le point d'emménager. Une locataire exceptionnelle. Une... immigrée. Enfin, une fille d'immigré.

Nommée à l'Ascension

Garde des Sceaux ! Le 18 mai, Claude Guéant, secrétaire général de l'Élysée, l'a annoncé sur le perron du château. Après ceux de François Fillon, Premier ministre, de Jean-Louis Borloo à l'Économie, de Michèle

Alliot-Marie à l'Intérieur, de Bernard Kouchner aux Affaires étrangères et de Brice Hortefeux à l'Immigration, l'Intégration et l'Identité nationale déjà fameuse, le sixième nom prononcé aura été celui de Rachida Dati.

Garde des Sceaux... Place Vendôme... Comme Chalon est loin, comme elles semblent s'estomper, soudain, les nuits blanches à la clinique Sainte-Marie !

« Un jour, Nicolas Sarkozy m'a fait venir dans son bureau. "Voilà, je souhaiterais que tu sois mon ministre de la Justice. Je veux que tu travailles, je veux que tu réussisses, et s'il te plaît arrête de pleurer !" J'ai fondu en larmes, c'était trop brusque, trop fort. Je me suis dit, "Voilà, la France permet cela" [1] ». Ce n'est pas que Rachida soit tout à fait surprise de se retrouver ministre. Le candidat Sarkozy, en se prononçant pour une équipe composée à parité d'hommes et de femmes, avait facilité les pronostics ; des femmes engagées à ses côtés, supposément compétentes et capables d'emporter l'adhésion des Français dès leur nomination, il n'y en avait pas assez pour que les aruspices les moins avertis négligent le nom de la Dati. Rachida, de toute façon, avait gagné sa place à l'entraînement, si l'on ose dire. Mais pour quel poste ? On l'attendait à l'Immigration, justement, afin qu'elle fît passer plus en douceur la pilule explosive de l'Intégration et de l'Identité nationale. On l'imaginait à une fonction « sociale ». Toute féminine en somme. En oubliant, peut-être, que son métier, c'est magistrate. Dans les coulisses d'une émission tournée à l'hôtel Lutétia le 23 février avec le jeune leader de l'Unef Bruno Julliard, elle-même avait annoncé en s'esclaffant qu'elle serait probablement nommée « ministre de la Rénovation urbaine à coups de Kärcher ». Avant de réaliser qu'elle était filmée. « Ah non ! Oh là là, ça craint, là. » La vidéo tournera dès lors en boucle sur Internet, alimentant une vague et vaine polémique. Le fait est qu'en composant son gouvernement - François Fillon ne s'offusquera pas du raccourci -, Nicolas Sarkozy a montré son goût du contre-pied.

Le chef de l'État n'a pas manifesté d'états d'âme particuliers au moment d'offrir cette leçon d'humilité à des amis politiques aussi expérimentés que l'avocat Patrick Devedjian ou Philippe Houillon, rapporteur de la Commission d'enquête sur l'affaire d'Outreau et président de la commission des lois de l'Assemblée nationale. L'un et l'autre espéraient hériter du prestigieux portefeuille. Hélas... À l'inverse, surprendre l'opinion, donner des gages aussi spectaculaires à cette population des banlieues qui n'a pas, dans sa majorité, voté pour lui, c'est battre la gauche sur son propre terrain. Et repousser avec éclat les soupçons d'autoritarisme qui ont pesé sur lui. Nommer Rachida Dati garde des Sceaux, c'est une décision d'une puissance symbolique qu'aucune nomination ministérielle antérieure, sous la Ve République, n'a peut-être jamais atteinte. Et c'est une façon habile de préparer l'adoption des rudes mesures judiciaires promises par le candidat à la partie anxieuse de son électorat. Si c'est aussi l'occasion de dépoussiérer un ministère parmi les plus conservateurs - avec le Quai d'Orsay -, eh bien le nouveau président n'aura qu'à se féliciter de son audace printanière. Ses conseillers, à commencer par Cécilia, ne l'ont pas découragé : l'affaire d'Outreau et l'audition du juge Burgaud, à l'automne 2006, ont jeté une telle ombre sur l'institution judiciaire qu'un appel d'air ne peut pas faire de mal. Pour incarner en une ce qu'il nomme « La vague Sarkozy », l'hebdomadaire *Le Point* choisit le sourire de Rachida.

Voilà donc la fille de Mbark et Fatim, l'enfant de Ghazaouet et des Prés-Saint-Jean, la serveuse du Prisunic et la fan de Souchon qui emménage place des Conquêtes. Lors de la passation des pouvoirs avec Pascal Clément, son prédécesseur, elle a convié, comme les témoins de ses noces républicaines, Simone Veil et Albin Chalandon. Chalandon, l'homme qui l'avait invitée à déjeuner ici même, vingt ans plus tôt, et avait lancé sa carrière. À peine a-t-elle pris possession du bureau qui fut aussi celui de Cambacérès [2] et de Robert Badinter que déjà, les bouquets l'attendent. On est en mai, époque propice aux encouragements fleuris. De fait, un banquier qui l'admire infiniment et qu'elle n'a jamais rencontré lui a adressé, en un somptueux bouquet, des orchidées roses et pâles. « C'est amusant, non ? » Venue la rencontrer dans son nouveau décor, l'envoyée spéciale du *Nouvel Obs*, Agathe Logeart, raconte joliment : « Elle pouffe. Ses cils lui arrivent jusqu'au bout du nez. Elle porte un jean, un tee-shirt blanc et un petit pull noir. Elle a l'air d'avoir 12 ans, toute menue derrière le bureau de marqueterie orné de dorures tarabiscotées. Elle ressemble à Fantômette, ou à la Marianne de Faizant, ou à une héroïne de manga avec ses cheveux noirs soigneusement tout fous et ses yeux immenses. Elle n'a pas l'air vraie. Et ce qui lui arrive n'a pas l'air d'être vrai non plus [3]. »

Garde des Sceaux ! La responsabilité pourrait sembler écrasante. Avant Rachida, Nafissa Sid Cara (1910-2002) avait été la première femme à rejoindre un gouvernement de la Ve République, et la première Maghrébine membre d'un gouvernement français. Née près de

Sétif, dans l'Algérie française, Nafissa Sid Cara fut secrétaire d'État « chargée des Questions sociales en Algérie et de l'évolution du statut personnel de droit musulman » dans le gouvernement de Michel Debré de 1959 à 1962. Il fallut ensuite attendre 2002 pour retrouver à des fonctions comparables une femme de même origine, en l'occurrence Tokia Saïfi, secrétaire d'État au Développement durable dans le gouvernement Raffarin 1. Née dans le Nord au sein d'une famille de dix enfants, Tokia Saïfi est la fille d'un ouvrier sidérurgiste algérien arrivé en France en 1945. Militante associative de longue date, elle fut aussi la première « beurette » à entrer au Parlement européen en 1999, sur la liste conduite par Alain Madelin (Démocratie libérale). Côté masculin, Azouz Begag, d'origine algérienne, né à Lyon en 1957, a été nommé en 2005 ministre délégué à la Promotion et à l'Égalité des chances dans le gouvernement de Dominique de Villepin. Il s'opposa violemment à Nicolas Sarkozy dans l'année précédant l'élection présidentielle, au point d'appeler à voter contre l'ancien ministre de l'Intérieur. Hamlaoui Mekachera enfin, ministre délégué aux Anciens Combattants en 2004, avait présidé le Conseil national des Français musulmans entre 1990 et 2002 avant d'être nommé délégué à l'Intégration dans le gouvernement d'Alain Juppé (1995-1997). Né en 1930 à Souk-Ahras, Hamlaoui Mekachera est un ancien officier d'infanterie de l'armée française qui servit en Algérie avant de s'installer en France en 1962.

Une louve dans un jeu de quilles

Au soir de sa nomination, évidemment, les proches de Rachida exultent. À l'image de Morad Aït-Habbouche. « La Justice, on ne pouvait pas trouver mieux. Un ministère régalien ! Quand elle a été choisie, j'ai longuement bavardé avec elle. Nous étions l'un et l'autre ravis car ce portefeuille lui va comme un gant. Elle s'est toujours battue pour une France plus juste. Même si cette charge est colossale, Rachida a tout à y gagner. Elle fonce. Je suis à fond derrière elle. Elle est parfaitement à sa place. » Valérie Parize n'est pas moins fière de son amie d'enfance. « Elle a atteint son but. Travailler avec Nicolas Sarkozy et devenir ministre. C'était inespéré. Nous pensions tous qu'elle aurait un secrétariat d'État, mais pas un ministère aussi important. » De fait, quand elle arrive au gouvernement, elle a beau se faire toute petite, parler à voix basse, elle ne reçoit pas un accueil des plus chaleureux. Bernard Kouchner, nouveau ministre des Affaires étrangères et emblème de l'ouverture, témoigne. « On ne lui a pas fait les cornes, qu'est-ce que vous croyez... Mais cette jeune femme place Vendôme, dans un des ministères les plus en vue de la République... Vous croyez que j'ai été bien accueilli, moi ? Vous croyez que la droite est contente qu'on lui pique des postes ? Elle n'est pas contente, elle nous trouve illégitimes. Ça tombe bien, la gauche aussi ! »

Côté magistrature, la profession ne verse pas dans l'enthousiasme, c'est un euphémisme. Aux internautes de *nouvelobs.com* qui lui demandent si Rachida Dati a suffisamment d'expérience pour diriger un ministère d'une telle importance, l'avocat général Philippe Bilger répond sans faux-semblants. « Je dirais que non, mais elle n'a pas été choisie par le président pour sa compétence. C'est une femme, un symbole et le chouchou du couple présidentiel. J'ai découvert sur le tard que profondément, Nicolas Sarkozy n'aimait pas la magistrature. Il a promu une femme dont l'ambition n'est pas de complaire à l'institution dont elle a la charge mais, peut-être, de favoriser les seuls desseins judiciaires du président. Je suis frappé de voir que celui-ci, avant son élection comme après, n'a jamais eu le moindre mot de respect pour notre administration capitale pour la démocratie[4]. »

Il faut se garder de tous côtés. Rachida intervient auprès d'Arnaud Lagardère, successeur de son père, afin qu'il empêche la parution d'un numéro de *Paris Match* contenant des photos de Fatim-Zohra extorquées à sa famille. Elle se justifiera : « Ces images sont à moi. Parce que vous ne savez pas ce qu'elles peuvent représenter. Des instants de vie, beaux, inoubliables, tristes, douloureux, coupants comme du verre. [...] Les photos que ces journalistes ont prises, ce sont des photos que j'avais chez moi, à Paris, que j'ai descendues moi-même à Chalon, qu'on a mises dans une armoire. Je ne voulais plus les voir. Ce n'est pas pour les retrouver dans la presse. L'exposition publique n'autorise pas tout [5]... ». Le syndicat des journalistes de l'hebdomadaire, dont le propriétaire est connu pour sa proximité avec le pouvoir en place, crie néanmoins à la censure et dénonce les « pressions exercées par la garde des Sceaux visant à empêcher la publication de photos de jeunesse dont la reproduction avait pourtant été autorisée par son père ».

Aux premiers temps de sa nomination, Rachida s'efforce de se ménager quelques espaces de respiration. En juin, le temps d'une soirée trop brève, elle retourne à Chalon auprès des siens. Tout le monde est là, entre émotion, incrédulité et curiosité, à boire chacune des confidences de la jeune chancelière. « C'est difficile de la voir en ministre quand on l'a connue toute petite, confie Valérie. C'est ma copine, avant toute chose. Maintenant, c'est évident qu'on s'appelle moins souvent. » Rester disponible pour tous et vivre au quotidien, en pleine conscience, la nouvelle aventure qui commence place Vendôme, c'est désormais inconciliable. D'autant que cette désignation fait grincer bien des dents. La composition des cabinets ministériels est l'œuvre de Claude Guéant, évidemment soumise à l'aval du président. Pour diriger le cabinet de Rachida, Guéant choisit Michel Dobkine. Haut fonctionnaire, avocat, ancien directeur de l'ENM, chevalier de l'ordre national du Mérite et proche de Patrick Ouart, conseiller « Justice » de l'Élysée, Dobkine paraît cumuler toutes les qualités requises par le poste. Il connaît la maison sur le bout des doigts. Mais pour lancer les nombreuses réformes promises ou considérées comme nécessaires en matière de Justice, la garde des Sceaux aurait sans doute souhaité s'appuyer sur une personnalité moins rigide. Moins imprégnée, justement, de toutes les traditions inhérentes à une noble et vieille institution telle que la chancellerie. Dobkine, depuis ses études de droit à la faculté de Nanterre, est aussi réputé pour sa personnalité imprévisible, sinon caractérielle. Très vite, le tandem se rend compte qu'il ne fonctionne pas. Impossible de trouver une méthode qui lui permette de travailler en harmonie. Au sein du cabinet, le climat se détériore. Rachida Dati, depuis l'école, n'apprécie guère qu'on lui résiste et le premier de ses subalternes, le plus précieux d'entre eux *a priori*, résiste. Elle a été nommée pour que soient appliquées les réformes promises par le candidat Sarkozy. Qu'elles soient ou non populaires place Vendôme. À ses yeux, il n'est pas question de plaire à quelques-uns, mais de donner aux Français une justice à la hauteur de leurs attentes. C'est l'objet de la loi sur la récidive comme de la réforme annoncée de la carte judiciaire. Et si jamais elle devait quitter ses fonctions prématurément, elle veut avoir eu le temps d'agir et de laisser une trace.

Au fil des jours, la tension devient difficilement soutenable. Les témoignages inquiets commencent à percer la pierre de taille du ministère pour atterrir dans quelques rédactions attentives. Avec ses collaborateurs, Rachida se montrerait autoritaire, parfois insupportable. Elle ne respecte pas, lit-on notamment dans *Le Monde*, les habitudes formelles propres à la hiérarchie judiciaire ; les responsables de service, aux cursus éminents, seraient traités avec une coupable légèreté et privés des égards dus à leur rang.

Elle riposte. « Honnêtement, si j'étais quelqu'un qui terrorise les autres, je n'aurais pas accompli le même parcours. Il ne faut jamais être méprisant, arrogant, ou cassant. Ça ne veut pas dire qu'il faille enterrer sa fierté, étouffer sa dignité [6] ». À l'évidence, la nouvelle ministre dérange. Le petit monde de la magistrature a vu se mettre en place, en quelques semaines, une authentique bataille rangée. D'un côté Rachida Dati, soutenue par le président de la République et certains magistrats ; une partie du personnel du ministère lui est également acquise. Face à elle, une majorité de hauts magistrats qui accueillent avec hostilité les réformes à venir. À commencer par la refonte de la carte judiciaire : depuis 1958, tous les gardes des Sceaux s'y sont cassé les dents. Le projet, qui souligne les disparités géographiques du paysage français, prévoit la suppression de la moitié des tribunaux d'instance (plus de 200 sur 473) et d'un tiers des tribunaux de commerce et de prud'hommes. Si la Justice fonctionne mal, c'est parce qu'elle coûte cher, pensent en substance, et sans toujours l'avouer, les artisans de la réforme. Le budget dédié à la Justice est pourtant l'un des plus faibles d'Europe. La pénurie de magistrats et de greffiers est criante. Or, selon les régions et les tribunaux, certains juges sont débordés par leur charge de travail, quand d'autres, ailleurs, seraient quasiment désœuvrés ; on recense des cours d'appel couvrant un bassin de 250 000 justiciables, et d'autres qui s'adressent à 7 millions de personnes. Au nom de la rationalisation et de la qualité du service dues au justiciable, un redéploiement s'impose. Mais ce que lisent ses opposants dans le projet, en filigrane, c'est la suppression pure et simple de la justice de proximité ; or les tribunaux d'instance, composés généralement de petites équipes locales, en représentent les maillons les plus souples et les plus efficaces. Une efficacité qui a un prix. Dès lors, la levée de boucliers des magistrats et des élus des villes concernés n'a rien d'étonnant. Même les avocats, en écho au syndicat de la magistrature, s'engagent dans la discussion pour réclamer, au moins, un changement de méthode. « Une réforme, oui, mais pas n'importe comment, ni dans la précipitation », concluent-ils en préparant, à destination du ministre, un rapport nourri de recommandations courtoises autant que déterminées.

Réformer à tout prix

Puisqu'un effort de concertation lui est demandé, Rachida installe, le 26 juin, un comité consultatif destiné à remodeler cette carte judiciaire. Concertation de pacotille, dénoncent ses adversaires, qui y voient un leurre caractéristique de la méthode Sarkozy : on ferait mine de consulter et d'écouter, mais les décisions seraient d'ores et déjà entérinées depuis longtemps au plus haut niveau de l'État. Le débat sur la réforme des régimes spéciaux de retraite suscitera la même critique. « Certains magistrats sont tout puissant dans leurs tribunaux, bouillonne Simone Veil. Parfois ils sont à la fois conservateurs et gauchistes. J'ai pourtant beaucoup aimé cette profession que j'ai exercée au ministère de la Justice successivement à la Direction de l'administration pénitentiaire et à celle des affaires civiles. »

C'est à Rachida Dati, aujourd'hui, de porter sur ses épaules la réforme de la magistrature... Une chance qu'elle a saisie en connaissance de cause : elle est du genre à s'emparer, plutôt deux fois qu'une, de ce qu'on lui offre. Après toutes ces années passées à chercher la reconnaissance, elle ne va pas, aujourd'hui que l'objectif est à portée de main, commencer à reculer devant l'ampleur de la tâche. Il est non moins évident que son itinéraire pour le moins inhabituel et la fulgurance de son irruption sur la scène politique ont fait d'elle une cible particulièrement tentante. De toutes parts l'« icône républicaine » créée par Nicolas Sarkozy est scrutée, dans ses moindres déclarations, dans ses regards, dans chacun de ses faits et gestes. Avec ce mélange de fascination et d'acidité qui caractérise, peut-être, l'esprit français, prompt à dédaigner à l'aube ce qu'il portait la veille aux nues - et inversement.

En ce début d'été, les chantiers sont nombreux. Le 5 juillet, elle vient présenter aux sénateurs son premier projet de loi, consacré, lui, à la répression de la récidive. Le baptême du feu de la nouvelle ministre, dans la majesté intimidante du palais du Luxembourg, est très attendu. C'est pourtant un Sénat désespérément clairsemé qui lui fait face ce jeudi-là quand elle s'avance vers le micro, droite sur ses escarpins rouges, raide sous son velours noir. Ils ne sont pas plus d'une trentaine d'élus à honorer le débat de leur présence. Mais ceux qui se sont déplacés n'ont pas prévu de rester inertes. L'opposition dénonce un texte trop sévère dont les « peines planchers » automatiques, quel que soit le délit, menacent de frapper sans distinction « des enfants qui auront volé des bonbons ». La ministre s'étrangle.

— Nous ne parlons pas de vols de bonbons ! Nous parlons de viols en réunion, de vols à main armée, de braquages... Arrêtons l'angélisme ! Ces violences ne sont pas acceptables. On peut être indulgents, on peut excuser tout et ne rien faire, mais alors il ne faut pas nous étonner de voir demain des actes de torture et de barbarie commis par des mineurs se multiplier rapidement.

Sur ce terrain, la pasionaria est à son aise. Pour ce qui relève des questions de sécurité et, plus largement, d'éducation de masse, la gauche française, pendant vingt ans, a échoué à convaincre de sa détermination la petite bourgeoisie et les classes modestes. Autrement dit, l'électorat populaire que ces thématiques mobilisent en priorité et qui s'est trop longtemps réfugié dans le vote extrémiste ; l'électorat que le ministre de l'Intérieur Sarkozy a ramené dans le droit chemin en lui tenant le discours musclé que s'interdisaient les partis de l'« établissement ». Oui, décidément, avoir chargé Rachida Dati d'enfoncer le clou sécuritaire devant la représentation nationale relève, de la part de Nicolas Sarkozy, d'une forme de génie stratégique. Quelques semaines plus tard, dans d'autres circonstances, Rama Yade, la très jeune secrétaire d'État aux Droits de l'homme, qui n'est pas la meilleure amie de Rachida, aura plus de mal à concilier les exigences de sa conscience et celles de la solidarité gouvernementale.

La caresse et le bâton : le 9 juillet, Rachida Dati propose la création d'un poste de « contrôleur général indépendant », chargé de vérifier que les droits fondamentaux des détenus sont bien respectés. Il pourra notamment dénoncer les traitements inhumains. À la fin du mois, elle traverse la Manche pour aller rencontrer l'inspectrice en chef des prisons anglaises, Anne Owers, titulaire d'un poste similaire.

Le premier grand oral, au Sénat, n'a pas été trop brutal. Mais dès le lendemain, coup de théâtre : en fin de journée, Michel Dobkine réunit tous ses collaborateurs et leur annonce sa démission. « J'en ai assez de me faire insulter », leur déclare-t-il, propos qu'il démentira par la suite. Le fait est que Dobkine est imité sur l'heure, ce 6 juillet, par trois de ses collègues qui le pressaient jour après jour de passer à l'acte. En l'occurrence Philippe Lagauche, ancien sénateur socialiste, conseiller pour les questions pénales, Xavier Samuel, ancien conseiller référendaire à la Cour de cassation, conseiller pour les libertés publiques et les questions constitutionnelles, et Françoise Andreo-Cohen, conseillère pour le droit des mineurs. Un quatrième membre du cabinet, Olivier Ubeda, décide de son côté de retourner à l'UMP, où il est adjoint à la direction de la communication.

« Je ne suis pas fait pour le job, déclare élégamment Dobkine. Pour ce travail, il fallait être là à 100 %. Or, j'étais là à 85 %. » En fait, c'est Rachida qui n'en peut plus. Elle a décidé de se séparer de lui. Elle ne lui a pas laissé le choix. Tout juste peut-il sauver la face en assurant qu'il a pris lui-même l'initiative du départ.

Évidemment, l'information fait désordre. En l'espèce, il s'agit là du premier couac essuyé par le gouvernement Fillon. La version officielle a beau assurer qu'en raison de son prochain mariage, le directeur de cabinet avait quelque difficulté à suivre le rythme de la garde des Sceaux, personne n'est dupe. Rachida précisera même, non sans culot : « C'est un homme amoureux. Il fallait qu'il puisse se marier en toute liberté et en toute tranquillité [7]. » Il y a vraiment du Sarkozy chez cette Dati. Patrick Gérard remplace Dobkine. Gérard fut président du mouvement des jeunes giscardiens, directeur de cabinet de Gilles de Robien à l'Éducation nationale et maire de Vincennes de 1996 à 2002. La bourrasque, toutefois, n'est pas aisée à esquiver, d'autant que la veille même, pendant que la ministre troublait la digestion des sénateurs avec sa loi sur la récidive, l'un de ses frères comparaissait devant la cour d'appel de Nancy dans le cadre d'un trafic de stupéfiants. Amère ironie, Jamal, 35 ans, avait déjà été incarcéré six ans plus tôt pendant dix-huit mois. Condamné en première instance à six mois avec sursis dans cette nouvelle affaire, il a vu le procureur requérir cette fois-ci douze mois ferme contre lui. Omar, un autre de ses frères, suspecté dans une affaire de même nature, doit de son côté être renvoyé devant le tribunal correctionnel de Chalon-sur-Saône.

À Paris, Rachida accuse le coup. Et, pressée de commenter, répond à sa manière, sur RTL. « Dans toutes les familles il y a des moments difficiles, des histoires difficiles et des étapes difficiles. Il serait malvenu, en tant que garde des Sceaux, de faire des commentaires. Et par pudeur, je n'irai pas plus loin[8]. »

---

1. 5. et 6. *Je vous fais juges*, Entretien avec Claude Askolovitch, Rachida Dati, Grasset, 2007.

2. Jean-Jacques Régis de Cambacérès (1753-1824), archichancelier de l'Empire, inspirateur du code civil.

3. *Le nouvel Observateur*, 12 juillet 2007.

4. *Le nouvel Observateur*, 29 octobre 2007.

7. Europe 1, 7 juillet 2007.

8. RTL, 17 juillet 2007.

11

Garden-party

« Là où l'ambition commence,
les naïfs sentiments cessent. »

Honoré de Balzac, *Illusions perdues*

13 juillet. L'été fait encore bonne figure, mais ça ne durera pas. Dans les casernes de pompiers, les malabars dressent les murs de son, astiquent leurs casques, entassent les cannettes. Aux quatre coins de la capitale, c'est bientôt bal. À l'hôtel de Bourvallais, une effervescence inhabituelle a pris le pas sur l'atmosphère compassée d'un quartier qui n'incite guère à la gaudriole. Paris vaut bien une fête et ce soir, Rachida pend la crémaillère.

— Ça ne t'ennuie pas si on fait des photos avec toi ?

Valérie, accompagnée de sa fille, est arrivée très en avance. Excitation et timidité. Ambiance d'avant-surboum ? Les petits-fours, le champagne, les lustres d'époque et les serveurs en livrée évoqueraient plutôt, en ce début de soirée lumineux, un mariage chic comme il s'en célèbre tant dans les beaux quartiers entre mai et septembre. D'autant que le public du salon rouge n'est pas très rock'n roll. Les 607 et Vel Satis officielles vont déposer une à une toutes les huiles des arcanes judiciaires français. Magistrats et avocats retrouvent anciens ministres et personnalités en vogue ; parmi les membres du gouvernement, Xavier Bertrand, bougon mais cohérent avec ses fonctions (Travail, Relations sociales et Solidarité), n'a pas séché l'invitation. Rachida, plus gracieuse que jamais dans un blanc virginal, promène d'un groupe à l'autre un sourire égal et généreux. En retrouvant Roger Hanin, elle a une pensée pour la soirée de l'ambassade d'Algérie, son bal des Débutantes à elle, qui devait décider de son destin. Bien sûr, Simone Veil est venue.

Les journalistes fourmillent, furètent, tendent l'oreille et tentent de palper la tension qui devrait, en principe, planer sur le pince-fesses. En vain. L'équipe de la ministre a pourtant explosé une semaine plus tôt. Le nouveau cabinet n'a toujours pas été composé. Mais il faut le savoir pour imaginer que la chancellerie, à la veille de la fête nationale, nourrit une quelconque fièvre. Ce n'est pas le passage éclair du président de la République, peu avant 20 heures, qui comblera l'espoir des médisants. Jovialité, chaleur, soutien appuyé à Rachida. « Elle a une obligation de réussite parce que sa présence place Vendôme est un hommage à tous les enfants de France. » Les apparences sont sauves. Mais quelle pression.

Même décorum ou presque le lendemain à l'Élysée. Cette fois, c'est Nicolas qui reçoit. En l'occurrence, c'est sa première garden-party. Derrière la grille du Coq, la foule des invités est autrement dense - on parle de 7 000 bristols expédiés -, et le parc à l'anglaise royalement plus spacieux. Cet après-midi, c'est ici qu'il faut être, d'autant que privées des fêtards qui cuvent encore leur nuit, des juilletistes définitivement envolés et des aoûtiens échappés en week-end, les rues de Paris vont se vider. Ne demeurent aux terrasses, entre deux cars de touristes chinois venus voir le défilé, que quelques solitaires désabusés, un œil sur le journal lu et relu quand l'autre s'égare, au loin, vers la ligne bleue de plages imaginées.

Victimes et héros

Sarkozy, avant de rejoindre la masse de ses invités, déjeune à l'hôtel Marigny, la résidence des hôtes de l'État. Il y accueille les membres du gouvernement et leurs épouses, le président de la Commission européenne José-Manuel Barroso, le président du Parlement européen Hans-Gert Pöttering, le représentant diplomatique de l'Union Javier Solana et le Premier ministre portugais José Socrates, président en exercice de l'Union européenne. Sans oublier l'émir du Qatar, dont la fréquentation n'est jamais inutile : Cécilia et Claude Guéant reviennent tout juste de Tripoli, où les négociations pour extirper les infirmières bulgares des geôles de Kadhafi sont tout près d'aboutir ; à l'heure de l'ultime transaction, l'intercession financière du Qatar sera déterminante. Discrètement, Dominique Strauss-Kahn passe une tête. L'ex-candidat à la candidature socialiste sera bientôt présenté par l'Europe à la direction du Fonds monétaire international. Il serre quelques mains mais ne reste pas déjeuner ; en le regardant s'éloigner, Sarko jubile de la nouvelle contrariété qu'il s'apprête à infliger au PS. Non seulement l'ouverture l'amuse beaucoup, mais pour l'instant, elle marche. « Rachida Dati, Rama Yade, Fadela Amara dans un gouvernement, c'est lui qui l'a fait et pas la gauche [1] », remarquera avec une rare lucidité Olivier Besancenot, porte-parole de la Ligue communiste révolutionnaire. « Vingt pour cent du gouvernement composé de gens qui ont leur carte du PS dans la poche, c'est une histoire dont nous ne nous remettons pas. On est K.-O. debout. Mais ça n'aide pas à la clarification du débat politique [2]. » Les regrets et le parler vrai de Jean-Luc Mélanchon, sénateur de l'Essonne, n'y peuvent rien : l'heure en effet n'est plus au débat mais à l'épanouissement spectaculaire et apparemment illimité de ce qu'on commence à appeler l'« hyperprésidence » de Nicolas Sarkozy. Il est partout, animé par un « bougisme » que même ses proches peinent à suivre, et à plus forte raison les journalistes. Les annonces de nouveaux chantiers, les réformes tous azimuts, les réactions martiales ou larmoyantes au moindre fait divers, les déplacements incessants à pied, en Falcon ou en Zodiac ne vont pas tarder à étourdir les rédactions au moins autant que les équipes ministérielles. D'ailleurs c'est l'heure d'un nouveau bain de foule. Le président y prend goût et sur les Champs-Élysées ce matin, ses gardes du corps ont bien cru qu'il allait les semer pour de bon. Au moins à l'Élysée, l'émeute extatique, si elle doit avoir lieu, sera mieux encadrée.

Comme chaque année à pareille date, les pelouses sont peuplées de *beautiful people*, de dames enchapeautées et de messieurs importants. Mais députés UMP, patrons de presse, industriels radieux - ce sont parfois les mêmes -, Faudel, Doc Gynéco, Enrico Macias, Michel Charasse, André Glucksmann, entre autres sarkophiles patentés, doivent partager leur déjeuner sur l'herbe avec quelque 2 000 invités d'honneur : des « victimes » ou « héros » anonymes que le président a souhaité honorer dans un cadre plus « populaire » que par le passé. Handicapés en fauteuil, gardiens de la paix, ambulanciers intrépides, légionnaires couleur sable, champions olympiques dans des sports inconnus, petits chanteurs à la croix de bois, reine de beauté malentendante... La France qui souffre et la France qui gagne répondent de bon cœur à l'invitation élyséenne. Les moments d'émotion, informels, se succèdent çà et là. Ici un couple d'origine maghrébine est récompensé pour avoir transmis à ses neuf enfants, tous auteurs d'une réussite exemplaire, les valeurs de volonté et de travail chères au chef de l'État. Deux jeunes filles qui représentent l'association des victimes de l'inceste abordent Roselyne Bachelot, invariablement pétulante, pour lui demander un rendez-vous. « Mais c'est pas moi l'inceste ! », proteste la ministre de la Santé et des Sports. Si on lève le nez, on remarque que certains des arbres du jardin ont été bariolés de toiles aux couleurs arc-en-ciel réalisées par de jeunes handicapés mentaux. « Cette installation manifeste que les personnes vivant avec un handicap peuvent être porteuses de créativité, d'innovation, et de valeurs », explique l'association ArcEnCielage. La démocratie compassionnelle dont Ségolène Royal et Nicolas Sarkozy se sont fait, avec un inégal impact, les vibrants messagers, inspire au sociologue Jean-Pierre Le Goff un commentaire dubitatif : « Dans leur volonté de réduire le vote aux extrêmes et de reconquérir une partie des couches populaires, les candidats ont très vite intégré le thème de la souffrance dans leurs discours de campagne. [...] "Savoir écouter la souffrance", exigence requise pour les médecins et les psychologues dans une relation de type thérapeutique, est devenu un mot d'ordre politique au risque de la démagogie et de la confusion généralisée des genres et des fonctions [3]. »

Sous les feuillages majestueux du parc présidentiel, le *Paris Match* d'Arnaud Lagardère a été autorisé à monter un studio photo ; hommage involontaire de la Vᵉ République à la Révolution, qui avait fait du palais de l'Élysée l'Imprimerie nationale, avant de le transformer en école de danse. Objectif aujourd'hui : immortaliser un panel d'invités choisis parmi tous ces symboles de la « nouvelle France ». Commentaire pertinent d'un teenager internaute : « Lol, y a du monde à la garden-party, y a pas que des ministres ! Y a des invités qui n'ont souvent rien à voir avec le prez ! Chaque année, ils tirent au sort, un truc comme ça, et invitent des citoyens lambda ! » Le « prez », justement, alors qu'il avait promis de ne pas (trop) s'exprimer, ne résiste pas à un petit speech sur le perron. Entouré de la plupart des femmes de son gouvernement, de Cécilia et de Judith, sa belle-fille, il profite de l'occasion pour les complimenter publiquement. Non sans une touchante gaucherie. « Je voudrais dire à Cécilia et à Judith qu'elles sont très belles, toutes les deux. » La première dame de France esquisse un mouvement de recul, une mimique de dénégation. En confidence, le président reconnaît une certaine dépendance. « Au fond, Cécilia est mon seul souci. » On comprendra, trois mois plus tard, que la *reconquista* est difficile.

Dans le bouquet sombre et pastel des tenues élégantes, ce samedi-là, la robe rouge de Rachida resplendit comme un appel. On ne voit qu'elle et, de fait, beaucoup l'entourent, la sollicitent. Elle se livre de bonne grâce aux contingences de sa jeune popularité et paraît apprécier la légèreté de la journée. Tout juste évite-t-elle autant que possible Rama Yade, également radieuse au bras de son mari Joseph Zayet, conseiller de Jean-Marie Bockel au secrétariat d'État chargé de la Coopération et de la Francophonie. Entre les deux vedettes féminines du gouvernement, le courant ne passe toujours pas. « Rama ne me parle pas, elle n'a rien dit pour me soutenir [4] », confiera Rachida au *Point*. « Moi, je fais de la politique avec Nicolas Sarkozy. Elle, elle en fera avec lui ou avec un autre. » Commentaire de Brice Hortefeux : « Chacune d'elles considère qu'elle a le monopole de la représentativité de la communauté immigrée. » Rien de tel qu'un grand concert gratuit pour adoucir les mœurs politiciennes. Le soir du 14 juillet, au Champ-de-Mars, Michel Polnareff, revenu de son exil transatlantique, clôture les agapes. En adressant un vibrant message d'encouragement au président Sarkozy, il offre à sa terre natale une « Lettre à France » habilement actualisée. Seul bémol à la journée, le chef de l'État a confirmé que la fête nationale ne lui donnerait pas l'occasion d'user de son droit de grâce. « C'est ma conception de la République, déclare-t-il. Je ne ferai pas d'amnistie collective et je n'accorderai pas de grâce collective. » « J'avais dit pendant la campagne présidentielle qu'il n'y aurait pas d'amnistie. J'ai tenu ma promesse, explique-t-il. L'élection présidentielle ne donne pas le droit d'"effacer les ardoises". Quelle logique y aurait-il à ne pas amnistier les contraventions et à gracier les délinquants ? Ou faut-il admettre que la justification de la grâce présidentielle soit de vider les prisons surpeuplées ? Depuis quand le droit de grâce sert-il à gérer les prisons ? Que les juges d'application des peines appliquent les textes et alors on respectera l'indépendance de la justice. La justice réclame à cor et à cri son indépendance et la première chose qu'on me demande, c'est de gracier 3 000 personnes. Eh bien, non ! »

Baptême du feu

Voilà Rachida ramenée à ses réalités. Trois jours plus tard, le 17 juillet, retour rive gauche. Elle présente à l'Assemblée le projet de loi contre la récidive. Le public cette fois s'est déplacé nombreux, alléché par la pièce qui promet de s'écrire dans le théâtre de la représentation nationale. Même sa famille est venue. C'est que le climat, en une semaine, ne s'est pas allégé. La liesse et la légèreté du week-end sont vite oubliées quand la garde des Sceaux, passée du noir au blanc, entend le maître des lieux, Bernard Accoyer, réclamer avec force « que cessent les attaques inqualifiables dont elle est l'objet ». À portée de main : le Blackberry et le portable, qu'elle consulte nerveusement, crispée comme une joueuse de tennis qui servirait pour le match ; à la fois sûre de sa supériorité et inquiète du mauvais sort. Elle force son sourire et s'attache à oublier la rumeur de salle de classe qui bourdonne derrière elle. Car il y a du monde dans l'hémicycle. Les grandes gueules de l'opposition, notamment. Jean-Marc Ayrault, Julien Dray, Arnaud Montebourg, Pierre Moscovici - à qui elle proposa ses services, quelques années plus tôt, et qui ne donna pas suite -, Noël Mamère, Christiane Taubira... Une réunion spécifique a eu lieu rue de Solferino, chargée d'identifier les personnalités de la majorité les plus vulnérables. À attaquer en priorité. Rachida a été désignée. À droite, elle ne pourra guère compter pour la soutenir que sur Jean-François Copé, Françoise de Panafieu, Jean-François Lamour ou Jean Tibéri. Autant dire que la petite protégée du président est livrée à elle-même, comme lâchée dans l'arène. François Bayrou (Modem) observe avec intérêt ces premières armes qui ne sont pas sans évoquer un bizutage. Il est 15 heures. C'est à elle. Lentement, le sourire accroché aux lèvres, elle monte vers le perchoir en veillant à ne pas trébucher, ce qui est déjà arrivé à de plus endurcis. Applaudissements. Certains élus PS y joignent les leurs. L'Assemblée lui fait face.

— J'ai l'honneur de m'exprimer à cette tribune pour la première fois...

D'une voix blanche, elle surmonte son stress et démarre la lecture du projet. Très vite, venus de la gauche, les premiers chahuts se font entendre. Montebourg et Mamère ont le verbe impétueux et sonore. Le projet de loi ne leur plaît pas. Ils devraient attendre leur tour pour le dire, mais l'impatience s'accommode mal des conventions. Le Palais-Bourbon résonne bientôt de cette cacophonie qui fait les charmes et la faiblesse du parlementarisme. Si tonitruante soit-elle, la contestation, loin d'impressionner Rachida, semble la revigorer. Elle improvise quand il le faut, encaisse quelques piques. Au final, elle ressort de ce grand oral un peu mieux cuirassée. Les banderilles, elle commence à connaître. Ce ne sont pas les premières, ce ne seront pas les dernières. Le métier rentre, le cuir se tanne. Pour autant, à l'Élysée, le président ne prend pas la situation à la légère. La déstabilisation et l'éventuel échec de Rachida Dati, la plus emblématique des ministres qu'il a nommés deux mois plus tôt, porteraient un coup terrible à sa propre crédibilité. Voilà pourquoi « elle a une obligation de réussite ».

« En la désignant, je crois qu'il ne s'est pas rendu compte du fardeau qu'il lui confiait, et moi non plus, raconte Simone Veil. J'avais pensé que c'était une bonne idée mais je n'ai pas imaginé ce qui allait se passer. »

Du coup, en haut lieu, la contre-offensive est décidée. L'UMP va s'en charger par l'intermédiaire de son secrétaire général Patrick Devedjian - lequel, il faut le répéter, se voyait déjà, le 6 mai au soir, nommé place Vendôme. « Le parti salue le travail accompli par Mme Rachida Dati, qui assume de façon remarquable le poids que les médias font désormais peser sur elle, et condamne de la façon la plus ferme les attaques et amalgames dont elle est aujourd'hui la victime. » « Il faut sauver le soldat Dati », titre *Le Monde* le 18 juillet. Pourtant, alors que les critiques débordent du cadre strictement politique pour invoquer l'illégitimité et l'incompétence supposées de la garde des Sceaux, sa défense va s'élargir au-delà de ses partisans attendus. Ainsi, à gauche, Bariza Khiari, sénatrice PS, monte au créneau : « Humainement, je ne peux pas laisser passer ce genre de choses et je la soutiens vraiment. On ne veut pas lui donner sa chance, et tous les acteurs n'acceptent pas qu'une femme jeune, issue de l'immigration, maghrébine, qui s'est faite toute seule, arrive à un poste de ministre. C'est difficile pour eux. Donc la France n'est pas prête même si le président de la République a eu des audaces. Il va falloir qu'elle dépasse ça. La pire des trahisons, ce serait qu'elle ne fasse pas face. Parce que beaucoup de gens la regardent. C'est plus difficile pour nous que pour les autres. Je parle d'expérience[5]. » Mieux encore, alors même qu'il lui répondait sévèrement, à l'Assemblée, sur le projet de loi en discussion, Manuel Valls, député-maire d'Évry, ajoutait *in fine* : « Vous nous trouverez à vos côtés face à des attaques déplacées qui n'ont pas lieu d'être. »

La position est paradoxale. Attaquée et défendue par les mêmes, dans les deux camps. « Rachida, une beurette à abattre ? » Dans *Libération*, Dominique

Sopo, militant socialiste et président de SOS Racisme, dénonce à son tour une « élite blanche » qui n'accepterait pas la nomination d'une Mme Dati au ministère de la Justice. Elle « paie d'être atypique, parce qu'elle est jeune, femme, et d'origine maghrébine. Ce profil crée des rancœurs au sein d'une élite française constituée d'hommes blancs de plus de 55 ans [6] ». Une façon de se placer cette fois sans ambages sur le terrain communautaire. Patrick Gaubert, président de la Ligue internationale contre le racisme et l'antisémitisme (Licra), surenchérit : Rachida est « victime d'une campagne injuste du fait de la consonance de son patronyme [7] ». « Ce n'est pas sérieux de mettre la critique subie par Mme Dati sur le compte d'un racisme ou d'une élite blanche [8] », réplique Bruno Thouzellier, président de l'USM, l'Union syndicale des magistrats. « Un ministre est toujours critiqué dans son action, ce n'est pas un problème d'origine sociale ou ethnique. C'est pervertir le débat public que d'en arriver là au bout de quelques semaines. Le problème c'est le rythme et les relations humaines. Rachida Dati est dans l'hypercommunication, il faut qu'elle avance, et cette fuite en avant ne peut se satisfaire de réformes de fond. » « Nous lui avons dit que son calendrier n'était pas tenable », confirme Hélène Franco, du Syndicat de la magistrature. Un bâtonnier ajoute : « La ministre représente une institution, elle ne peut être complètement en décalage avec ceux qui la font vivre sur le terrain ».

« Je connais bien ce ministère, ajoute Marceau Long. Il n'y a pas là-bas de racisme au sens propre du mot. Mais c'est un corps qui dort, replié sur lui-même. Vous savez, c'est l'un des corps où l'on constate le plus d'endogamie ! Vous avez des fils et des arrière-petits-fils de magistrats qui, fort logiquement, se soutiennent mutuellement. Ça doit exister dans tous les ministères, mais c'est encore plus vrai de celui-ci, le plus ancien. Qui rend la vie particulièrement plus difficile à ceux de ses membres qui viennent d'un autre milieu. » Confirmation de Simone Veil : « il s'agit d'un ministère régalien, confié à une très jeune femme, presque inconnue, qui n'a pas encore fait ses preuves. On préférerait sans doute un homme qui ne ferait rien. En fait, on voudrait des gens qui ne font pas de vagues... » Dans ces moments délicats, le soutien de l'ancienne ministre de la Santé à sa jeune amie prend toute sa valeur. « Je l'aime bien, cette jeune femme. C'est injuste ce qui lui arrive en ce moment. C'est une amie, et je peux dire qu'elle est elle aussi d'une grande fidélité. »

La Dati reprend des couleurs. En septembre, *Le Parisien-Aujourd'hui en France* relaie sa détermination : « Un cabinet ministériel, ce n'est pas un contrat à durée indéterminée. C'est une responsabilité conduisant à une obligation de résultats sur une durée courte. Les impératifs de la République n'attendent pas, ceux de la justice non plus. Au départ, je souhaitais avoir un directeur de cabinet qui soit magistrat. J'ai connu Michel Dobkine dans le cadre d'une convention de l'UMP ; il ne m'a jamais été imposé. En travaillant avec lui, il est apparu que son rythme et le mien n'étaient pas le même. J'ai souhaité mettre en œuvre immédiatement toutes les réformes que les Français attendaient. Il n'était pas sur le même rythme, nous nous sommes séparés. [...] Après, les rumeurs déforment ou interprètent... Quand on met sur le même plan le départ d'un directeur de cabinet et la libération des infirmières bulgares, il y a peut-être un petit problème ! Je n'ai peur ni du qu'en-dira-t-on, ni des corporations [9]. »

Bataille rangée

Tant mieux pour elle, car les hostilités n'en sont qu'à leurs prémices. Fin août, elle convoque à son ministère le vice-procureur du parquet de Nancy, Philippe Nativel, qui aurait critiqué, lors d'un procès, la nouvelle loi instaurant des peines minimales contre les délinquants récidivistes. La convocation provoque une levée de boucliers dans la magistrature, qui voit là une intimidation à peine voilée à son encontre. « Ce magistrat aurait tenu des propos, fait des commentaires, sur une loi qui a été adoptée par le Parlement, répond la ministre. Un parquetier, un procureur est sous l'autorité du garde des Sceaux, il est là pour appliquer la politique pénale et ne pas faire de commentaires sur une loi qui a été adoptée par le Parlement [10]. » Les magistrats de Nancy, le Syndicat de la magistrature, l'Union syndicale de la magistrature et la Conférence des procureurs expriment leur indignation : il s'agit à leurs yeux d'une atteinte au principe de séparation des pouvoirs et à la règle de la liberté de parole des magistrats du parquet à l'audience. Philippe Nativel avait requis un an de prison contre un revendeur de drogue qui risquait en principe une peine minimale de quatre ans ferme en vertu de la nouvelle loi. « Je ne requerrai pas cette peine plancher de quatre ans car les magistrats ne sont pas les instruments du pouvoir. Ce n'est pas parce qu'un texte sort qu'il doit être appliqué sans discernement », aurait déclaré le procureur selon un compte rendu d'audience publié par *L'Est républicain*, propos qu'il démentira par la suite.

Ce n'est pas fini. Bernard Blais, procureur d'Agen, doit prendre sa retraite en juillet 2008. Début octobre, Rachida Dati exige qu'il demande sa mutation comme avocat général à la Cour de cassation. Blais proteste et adresse à sa ministre un courrier extrêmement clair : « D'ores et déjà, je tiens à vous indiquer que je refuse de présenter une telle demande. » Le bras de fer est engagé. La garde des Sceaux justifie sa décision : le procureur d'Agen est en poste depuis treize ans, elle estime normal, dans l'intérêt de la justice, qu'il soit appelé à d'autres fonctions. Pourquoi ce départ lui importe-t-il tant ? Est-ce une occasion de manifester sa ferme détermination et son autorité ? Faut-il y voir un lien avec son intention d'instituer la parité hommes-femmes dans les nominations à venir ? Le corps de la magistrature fait bloc derrière Blais. René Salomon, premier président de la cour d'appel d'Agen, annonce qu'il saisit le Conseil supérieur de la magistrature. Les syndicats s'insurgent et dénoncent « une véritable tentative de caporalisation des magistrats du parquet, inédite dans un État de droit ». Réponse de Rachida Dati : les procureurs sont nommés par le président de la République, en conseil des ministres, comme les préfets. Il s'agit bien d'emplois supérieurs à la discrétion du gouvernement. « Le chef des procureurs, ajoute-t-elle, c'est moi [11]. » Dans les coulisses, Simone Veil regrette : « Le corps est parfois plein de préjugés et de conservatisme. C'est une façon de brandir son indépendance. »

Rachida veut convaincre. Elle multiplie les déplacements sur le terrain. Blois, Colmar, Meaux, Grasse, Lille... Elle part à la rencontre des magistrats, des fonctionnaires et des greffiers. Au tout début, elle ne recueille pas, auprès d'eux, la hargne que lui réservent les cénacles parisiens. De quoi l'encourager à continuer dans la voie qu'elle s'est tracée : faire appliquer la politique judiciaire de Nicolas Sarkozy. « Je ne me laisse pas déstabiliser par des polémiques artificielles. Je sais que je serai jugée sur une seule chose : mon travail et mes résultats [12]. » Terrible et stimulante « obligation de réussite ». Chaque matin, c'est le seul mantra qu'elle s'autorise. « Il faut absolument que je réussisse. » On en connaît des plus relaxants.

Une Française qui compte

Simone Veil estime que la jeune femme, piégée par la pression qu'elle s'impose et qui lui est imposée, commet encore trop de maladresses. Consolation : le peuple ne lui en tient pas rigueur. À la fin de l'été, l'inconnue de Chalon a surgi à la 49e place du « Top 50 des Français » publié par *Le Journal du dimanche*. Elle figure parmi les quatre uniques « élus » politiques au sein d'un palmarès toujours dominé par Zinedine Zidane, Yannick Noah et Nicolas Hulot, qui trustent le podium. Sa promotion élyséenne ne vaut à Nicolas Sarkozy qu'un modeste 25e rang. Bernard Kouchner est 34e, Ségolène Royal 44e. Cette apparition au gotha médiatico-sentimental lui fournit l'occasion d'un vibrant plaidoyer *pro domo* dans les colonnes de l'hebdomadaire.

« Je suis touchée par ce signe d'amitié et d'encouragement que les Français m'adressent. Le sectarisme n'est jamais où l'on pense. Depuis que j'ai été nommée garde des Sceaux, les choses n'ont pas toujours été faciles pour moi ; j'ai été jugée illégitime à la place que j'occupe, je me suis sentie déconsidérée, malmenée parfois, comme si on m'attendait au tournant. Pendant cette période, je n'ai pas été franchement épaulée par les autres membres du gouvernement, mais ce n'est plus le temps d'y revenir. J'ai choisi de ne pas me plaindre, de ne pas répondre, de ne pas me justifier, mais de travailler. Tous mes dossiers, je les connais et quand je ne comprends pas quelque chose, je reviens dessus autant de fois qu'il le faut. J'ai été nommée à mon poste le 18 mai. L'après-midi, je me suis mise au travail, sans attendre, sans me poser de questions, sans prêter l'oreille à ce qui pouvait se dire à l'extérieur. J'avais besoin de garder mon énergie intacte. J'avais une mission à accomplir, ma feuille de route est tracée. J'ai choisi de ne pas réagir au départ de mon directeur de cabinet, Michel Dobkine, et si j'en parle aujourd'hui pour la première fois publiquement, c'est pour lui rendre hommage. Dobkine est un bon magistrat, un homme intelligent, un excellent juriste et même si, parfois, nous n'avions pas le même rythme de travail, je lui garde toute mon estime. Je l'ai d'ailleurs eu récemment au téléphone, il vient de se marier, et je lui souhaite d'être heureux, comme nous le méritons tous. Je connais Patrick Gérard, qui lui a succédé à ce poste, depuis 1992 et cela se passe parfaitement bien entre nous. Je me souviendrai toujours de ma venue au Sénat, le 5 juillet, pour présenter la loi renforçant la lutte contre la récidive des majeurs et des mineurs, promulguée le 10 août. Les Français savent que je ne compte ni mon temps ni mon énergie. J'aime faire du terrain. J'y suis quasiment un jour sur deux. Avec la vie que j'ai eue, je sais que tout est fragile, que rien ne dure. Je ne suis pas impressionnée par les ors du pouvoir. Les apparats de la fonction ne m'intéressent pas. Je ne suis pas non plus fragile, j'ai de la sensibilité, c'est différent. Je suis touchée et concernée par les autres, ce qu'ils vivent, leurs souffrances. Je suis toujours prête à les entendre, à prendre le temps qu'il faut pour cela. Quand on est sincère, ce qui est mon cas, ça se sent [13]. »

« La cote de Rachida ne m'étonne pas, commente Morad Aït-Habbouche. Les gens s'identifient à elle, d'où qu'ils viennent. Elle suscite une affection transversale. C'est bien le drame de ceux qui ne l'aiment pas. » Nouveau sondage en septembre, dans *Le Figaro*. « Pour chacune des personnalités politiques suivantes, souhaitez-vous lui voir jouer un rôle important au cours des mois et des années à venir ? » Avec 57 % de réponses favorables (quatre points de plus qu'en août), Rachida Dati arrive en deuxième position juste derrière Bernard Kouchner (63 %). Dès le mois d'août, elle jouissait d'une notoriété exceptionnelle auprès des Français, atteignant un taux (91 %) que lui envieraient bien des politiciens en fin de carrière. Elle a quelque chose d'un sportif de haut niveau immédiatement plus doué que ses concurrents – l'année où un parfait inconnu, Lewis Hamilton, manque pour un point le titre de champion du monde de formule 1. Présentée en égérie ou en victime, elle squatte les pages des grands magazines. *Le Point*, *L'Express*, *Le nouvel Observateur*, *Tribune Juive*, *Le Figaro Magazine* lui consacrent leur une et racontent son histoire. Le Premier ministre en exercice, François Fillon, attendra novembre pour avoir droit à pareil honneur. Les comparaisons s'esquissent. On évoque ainsi à son propos, comme on le fera pour Rama Yade, la naissance d'une « Condi » *made in France*, comprendre Condoleezza Rice, secrétaire d'État de George Bush depuis janvier 2005 – l'équivalent du ministre des Affaires étrangères ; la première femme noire à accéder à des fonctions aussi importante dans l'histoire des États-Unis. Un produit exemplaire de l'*American dream*.

Invitée à converser avec huit lecteurs du *Parisien* [14] dans les bureaux du quotidien, la garde des Sceaux tient cependant à opposer son sens du réel aux volutes romanesques qui l'entourent. Le journal titrera d'ailleurs : « Rachida Dati : ma vie n'est pas un roman ».

Extraits :

« Le symbole n'est pas dans ma personne, il est dans ma nomination. Pendant longtemps, on a parlé d'intégration sans jamais la faire. Il y a des fantasmes sur mon compte. Or, ma vie n'est pas un conte de fées. Il y a des choses que je ne souhaite pas dire, c'est mon droit. Il y a des choses que je ne souhaite pas évoquer, c'est mon droit. Pour autant, je ne veux pas que l'on écrive n'importe quoi à mon propos. J'ai lu dans un quotidien que j'avais de bouleversantes crises de larmes, qu'entre deux crises, j'arrivais à reprendre mes esprits et que les collaborateurs palliaient mes carences professionnelles. Veut-on accréditer l'idée que je serais fragile ? Le temps tranchera. J'ai ma conscience pour moi. Je n'ai pas le droit d'échouer, je n'ai pas le droit d'être déstabilisée. Je ne l'ai jamais été. » Elle pourrait reprendre à son compte ces paroles du général de Gaulle dans *Le Fil de l'épée* : « La passion d'agir par soi-même s'accompagne évidemment de quelque rudesse dans les procédés. L'homme de caractère impose à sa personne la rigueur propre à l'effort. Les subordonnés l'éprouvent et, parfois, ils en gémissent. »

Au sein de son cabinet, les subordonnés ne gémissent pas tous ! Mais certains préfèrent, pour évoquer la ministre, garder l'anonymat. « Il faut bien comprendre que Rachida est un phénomène à part. Elle est porteuse d'un destin. Mieux, elle est porteuse d'un certain humanisme. Pourquoi ? Parce qu'elle a une vraie vision de notre société. Elle n'a pas le profil d'un magistrat classique : elle est une figure très dérangeante pour le système. Le système est formé de personnes qui ont des habitudes familiales. Rachida ne fait pas partie de leur famille. » Morad Aït-Habbouche, à découvert, va encore plus loin. « Elle sera Premier ministre. Pourquoi ? Parce qu'elle va réussir à faire accepter aux Français quels qu'ils soient qu'on peut réussir quand on est issu d'un milieu défavorisé. Avec du travail, avec un vrai parcours, avec des rencontres. Elle incarne une merveilleuse histoire, elle a rencontré des gens qui lui ont fait confiance et qui ont eu confiance en elle. Et le plus merveilleux, c'est qu'elle rend cette confiance. Pour moi, la plus belle image, c'est quand Albin Chalandon arrive avec elle au ministère de la Justice. Cette femme n'oublie rien. Si elle réussit, c'est la France qui réussira. »

---

1. *Le Point*, octobre 2007.

2. *Politiquement show*, LCI, octobre 2007.

3. « Catharsis pour un changement d'époque », *Le Débat*, Jean-Pierre Le Goff, septembre-octobre 2007.

4. *Le Point*, 11 octobre 2007.

5. France Info, juillet 2007.

6. *Libération*, 16 juillet 2007.

7. *Communiqué de presse Licra*, 17 juillet 2007.

8. France Info, juillet 2007.

9. *Le Parisien*, 18 juillet 2007.

10. *Libération*, 30 août 2007.

11. *Le grand journal*, Canal+, 3 septembre 2007.

12. *Le nouvel Observateur*, 29 octobre 2007.

13. *Journal du dimanche*, 19 août 2007.

14. *Le Parisien*, 18 juillet 2007.

12

La nouvelle star

« Oh la la la vie en rose
Le rose qu'on nous propose
D'avoir des quantités de choses
Qui donnent envie d'autre chose
Aïe on nous fait croire
Que le bonheur c'est d'avoir
De l'avoir plein nos armoires
Dérisions de nous dérisoires... »

Alain Souchon, « Foule sentimentale »

— Mais alors vous êtes très jolie, en plus !

Quand elle a été nommée porte-parole et qu'il l'a vue à la télévision, c'est ce qu'il lui a écrit, Souchon. Parce qu'ils s'écrivent depuis vingt ans, ou presque.

Michel Drucker fait l'étonné.

— Vous vous connaissez d'une manière très étrange... Depuis vingt ans !

— C'est assez extraordinaire, parce qu'on se connaît, et on ne se connaît pas...

Alain Souchon est un tendre charmeur et un invité idéal. Dans son canapé rouge, Rachida pouffe timidement. Le plateau de « Vivement dimanche », dont la garde des Sceaux est l'invitée, ressemble soudain à « Star à domicile », cette émission de Jean-Luc Delarue qui tirait les larmes en confrontant par surprise leur idole à des ados à fleur de peau, obsessionnellement *fans*.

Drucker insiste :

— Après tant d'échanges de courriers ! Vous ne vous étiez jamais vus ?

Eh non, Souchon et Rachida ne se sont jamais vus avant ce 4 octobre. Elle n'a pas rencontré tous les personnages célèbres à qui elle a écrit au long de ces années. Mais elle a tant écrit... Et tant téléphoné. Elle rit et rit encore, pose une main sur le bras nu du chanteur. Son dimanche chez Drucker, c'est une consécration. L'opération a été imaginée par le patron d'Europe 1, Jean-Pierre Elkabbach, qu'on ne savait pas chargé des relations publiques du ministère. Mais quand on la consulte, Rachida est ravie. Drucker, c'est son enfance, c'est populaire, ça lui ressemble. Bien entendu, elle demande leur avis au président et à Cécilia. Le feu vert est enthousiaste. « C'est génial, vas-y, évidemment. » Le jour de l'enregistrement au studio Gabriel - à deux pas de l'Élysée -, elle revient dans sa peau de gamine, affiche cet éternel alliage de naturel et de séduction qui conquiert les plus secs. « Je suis tellement contente de vous rencontrer ! Vous savez, on vous regardait quand on était enfants, en famille. »

Les invités se succèdent. Ils sont tous là, Valérie, les sœurs, la nièce qu'elle hébergea à Paris, le petit neveu. Et Mbark digne et raide, grave et beau, qui ne décrochera pas un mot de l'après-midi. Même lorsque les caméras s'arrêtent de tourner, Rachida ne quitte pas un instant le regard de son père. Crainte de ne pas être à la hauteur de ses attentes, bonheur de le savoir fier d'elle. Sentiments mêlés. La fille cadette du maçon de Chalon est bien là, sous les sunlights, ministre de la Justice dans le pays qui les a accueillis en 1962. Ce père affaibli par l'exil et la traversée de la Méditerranée, ce père littéralement désorienté, trop souvent humilié par sa précarité sociale, mais courageux, dur face aux épreuves... Ce père-là, c'est aussi de lui qu'elle s'occupe, Rachida, quand elle poursuit son ascension et approche les étoiles. L'extrême ambition s'explique souvent par la volonté d'aider à reconstruire la figure paternelle ; Sarkozy, Royal, Bayrou : les trois principaux rivaux de la présidentielle ont eux aussi, en une étrange concordance des destins, dû batailler plus que de raison avec cette image abîmée. Un père enfui et désinvolte (Sarkozy), un père fui et même poursuivi par sa fille devant les tribunaux (Royal), un père disparu au plus jeune âge de son fils (Bayrou).

C'est aussi l'absente que cherche Rachida en s'attardant sur le visage de Mbark. La perte d'êtres chers a ceci de ravageur qu'elle vous prive des témoins les plus précieux. À Fatim-Zohra partie trop tôt, sa fille n'a pu offrir, de son vivant, le cadeau de son triomphe. Rien ne l'en consolera.

En réponse aux attaques

Alain Souchon s'approche du micro. Il va chanter pour elle qui se souvient du jour, place Vauban, où elle n'avait pas osé l'aborder.

« Abderhamane, Martin, David...
Et si le ciel était vide ?
Et si en plus il n'y a personne ? »

Guerres, larmes, tyrannies, terrorisme, fous de Dieu... Sur les images d'un clip en noir et blanc, quarante ans de malheurs du monde défilent derrière la silhouette fragile du crooner frisé. Pendant ces quarante ans, dans un monde chaque jour un peu plus désenchanté, Rachida n'a jamais voulu croire que le ciel était vraiment vide.

« Ce que j'avais, c'était la détermination. Une détermination silencieuse et sourde. Elle m'a toujours accompagnée. Si on voulait me freiner, je n'écoutais pas, je n'entendais pas. [...] Une force intérieure me soutenait. [...] Et je continuais, pas à pas [1]... »

2007, ambiance fin de siècle. Si la jungle est désormais notre horizon, il faut avoir, pour y survivre, une bonne dose de fois, ou une mâchoire de tigre(sse). Les critiques qui s'abattent sur Rachida Dati parce qu'elle vient de nulle part et qu'elle a consacré à sa carrière une énergie de désespérée perdent de vue le nouveau paradigme : dans une société froidement matérialiste, tout peut avoir un prix et se négocier. Les espaces échappant à la marchandisation se raréfient, jusqu'à l'asphyxie de la notion même d'humanité ; le jour est proche où l'on vendra les âmes aux enchères de eBay. Il est donc malvenu et anachronique de reprocher à une jeune femme de « basse extraction » d'avoir su se mettre en valeur pour accéder à de hautes fonctions. L'émission lui permet d'évoquer le livre qu'elle prépare, en réponse aux suspicions dont elle est l'objet, mettant en doute l'authenticité de son parcours.

« On me fait un procès en illégitimité et je dois répondre. C'est extrêmement désagréable que le président de l'université où j'ai fait mes études puisse m'alerter que des journalistes disent que j'ai acheté mes diplômes, que je n'ai pas passé l'École de la magistrature, que tous mes diplômes étaient faux et que ma vie était un mensonge, finalement... Ça m'est égal pour moi, ça fait partie des choses de la vie et ça fait partie surtout de la responsabilité de l'exposition. Ce qui est particulièrement désagréable, ce qui est irrespectueux, c'est... Là où j'ai vécu... Parce qu'il y avait de l'énergie, des gens qui voulaient s'en sortir, qui se sont battus. Je ne suis pas la seule à être sortie du quartier dans lequel j'ai vécu. Alors si une fois que vous êtes un peu arrivée, on doit encore vous suspecter... Alors que doivent penser ceux qui ont commis des erreurs ou ne s'en sont pas sortis ? Donc eux sont condamnés de manière définitive. J'ai essayé de m'en sortir comme j'ai pu. Je ne tire aucune gloire de mon parcours. Je vois bien ce qui intéresse : ce n'est pas ma compétence, ce n'est pas ce que je fais ; alors il est important que je dise la vérité. Vous savez, ma liberté je l'ai payée très chèrement, en particulier avec mes études et avec mes diplômes. Là d'où je viens, on n'achète pas les diplômes et on a intérêt à être très honnête et à ne jamais tricher, à ne jamais mentir. Parce que si on le découvre, vous le payez très cher et la deuxième chance, vous ne l'aurez pas. Par ce livre, je souhaite mettre un petit peu de lumière sur des points sur lesquels on considère... que je suis pour de faux finalement [2]. »

Michel Drucker en a vu d'autres, mais aujourd'hui il ne perd pas un battement de cil de la bête politique qui lui fait face. « J'ai eu l'impression de voir la fille de Sarkozy, avouera-t-il. Sarko-*bis*. Avec la même ambition incroyable. Elle ira loin. Je ne pense pas que les obstacles qu'elle rencontre actuellement place Vendôme parviendront à la démonter. Elle a une force terrible... et cette fragilité, aussi... Quel personnage ! » Sarkozy justement : interrogé en fin d'émission, le président rend à nouveau hommage à la ministre – et à sa « découvreuse ». « Je suis toujours à la recherche de nouveaux talents. La première qui a vu tout ce dont était capable Rachida, la palette extraordinaire de ses talents, c'est Cécilia. » Le chef de l'État se dit « impressionné par le parcours qu'elle a fait depuis quatre mois ». Il dénonce « certaines attaques » contre elle qui « n'ont pas été très dignes. Je pense notamment à son frère [3] ». Le 21 août, la chambre correctionnelle de la cour d'appel de Nancy a condamné Jamal à douze mois de prison ferme pour transport de cannabis et d'héroïne, détention, offre ou cession, acquisition, usage et importation de substances illicites. « Pouvoir reprocher à Rachida les erreurs ou les bêtises de son frère, ce n'est pas admissible, commente le président qui ajoute, comme fasciné : Ça prouvait qu'elle venait du bas, qu'elle aurait pu choisir une autre voie, que c'était une vraie, qui venait de vrais quartiers difficiles. »

Le président de la République raconte aussi comment Rachida a pleuré « toute la journée » quand il lui a appris qu'il la nommait ministre. *Le Monde*, trois jours plus tard, analysera la « double stratégie de communication » de la garde des Sceaux. « Elle utilise sa bonne image pour réconcilier les Français avec la justice. Elle s'attache à montrer la justice quotidienne, qu'elle a fait apparaître chez Michel Drucker, à une heure de grande écoute - de la greffière au travailleur social. Elle sillonne les tribunaux français, chaque semaine. Dans le même temps, elle utilise sa popularité contre l'impopularité des juges et bouscule les magistrats sous l'œil bienveillant du président. Leur défense est aussitôt taxée de *corporatisme* ou d'immobilisme. C'est le combat inégal de Rachida contre les *petits pois*[4]. »

Ces « petits pois », ce sont ceux que le président a opposés aux ministres « choisis justement parce qu'ils sont "différents" ». « Si c'est pour faire comme partout, vous savez, des petits pois, même couleur, même calibre, même absence de saveur, avec ça vous ne rassemblez pas un pays comme la France, qui a tant de fromages, disait le général de Gaulle. » « J'ai voulu m'entourer de gens différents, répète-t-il presque mot à mot face à Michel Drucker, son partenaire de vélo. J'aime cette différence. Parce que la France est une addition de différences, la France c'est une synthèse. Je n'ai pas envie d'avoir le même moule, les mêmes personnes, tout le monde qui se ressemble, aligné comme des petits pois, même couleur, même gabarit, même absence de saveur. Rachida elle est vraie, elle truque pas, elle triche pas, elle y va, elle est généreuse dans son engagement. Le pire des défauts, c'est l'avarice ; l'avarice des sentiments ; elle se donne sans compter. C'est ça qui est bien. Elle a ma confiance comme ministre et ma confiance comme amie. »

Qu'est-ce que tu fais pour les vacances ?

Une absente remarquée au studio Gabriel : Cécilia Sarkozy, qui devait témoigner de son amitié pour Rachida. Elle s'est décommandée. Son divorce sera annoncé deux semaines plus tard.

Les deux femmes se sont rencontrées en 2002. « Au-delà de lui, c'est ma plus belle rencontre », déclara Rachida. On les retrouvera plongées ensemble dans le débat sur la protection des mineurs et la lutte contre les violences conjugales. « C'est une histoire de femmes, une histoire d'amitié. » Le lien entre la garde des Sceaux et le couple présidentiel est singulier. En août, Rachida se vit offrir l'insigne privilège d'accompagner les Sarkozy dans leurs vacances américaines, à Wolfeboro. Quelques jours plus tôt, Cécilia lui avait adressé dans *Le nouvel Observateur* une déclaration enflammée.

« Rachida, c'est plus qu'une amie, c'est ma sœur. Je ne la lâcherai jamais. Je connais tout d'elle, et je l'aime profondément. Elle est de la race des seigneurs. Quand je n'étais pas forcément à la mode – vous voyez ce que je veux dire –, elle a été proche de moi. À tous les moments de ma vie. Elle m'envoyait de longs messages. Des messages d'amour. C'est d'elle que sont venues les plus jolies choses qu'on m'ait jamais dites. Rachida a beaucoup de souffrances en elle, dont elle ne veut pas qu'on parle. La vie ne l'a pas épargnée. Et pour savoir donner comme elle le fait, il faut avoir beaucoup souffert [5]. »

Non moins troublante, la vision des deux femmes aux obsèques de Jacques Martin qui fut le premier mari de Cécilia – union alors célébrée par Nicolas Sarkozy, maire de Neuilly. De la jeune ministre, parée ce jour-là d'un noir spectral, ou de l'ancienne épouse du défunt, on ne savait plus trop laquelle portait le deuil, ni de quel deuil il s'agissait. Le retour à la « vie civile » de celle qui ordonnançait bien des grâces et des disgrâces autour de son mari risque de transformer le paysage du pouvoir. Il sera intéressant d'observer la position de Rachida ; dès la fin octobre, un écho du *Journal du dimanche* évoquera, citant un proche, la « peine » de Cécilia : « Depuis qu'elle est partie, [elle] n'a plus aucune nouvelle de Rachida », qui lui adressait auparavant, écrit l'hebdomadaire, « quatre ou cinq textos par jour[6] ». La garde des Sceaux respecterait-elle les consignes du président ? Dès la parution de l'entrefilet, pour calmer les rumeurs, elle ira déjeuner avec l'ex-Mme Sarkozy. Mais au quotidien, elle a choisi. Elle est du côté des Louvrier, des Guéant, des Solly, les conseillers du premier cercle. Elle apprécie aussi beaucoup Pierre, le fils aîné de Nicolas. C'est sa bande. Pas encore sa meute : la louve est bien trop solitaire. Avant d'être invitée à accompagner les Sarkozy aux États-Unis, en août, elle s'est d'ailleurs retrouvée sans programme. Et a fini par demander à Bernard Kouchner, au cours d'une réunion à Matignon, ce qu'il avait prévu. « Je ne sais pas où aller. » Le ministre des Affaires étrangères, alors, ne fit ni une ni deux et téléphona à sa compagne, Christine Ockrent. Sa cabine sur le bateau où ils devaient embarquer ensemble était déjà réservée quand tomba l'invitation présidentielle : Rachida irait à Wolfeboro.

« Vivement dimanche » s'est bien passé. Après une telle exposition, la garde des Sceaux va encore grimper dans les sondages. En coulisse, Laurence Lasserre jubile. La conseillère au ministère, en charge de la communication, s'est considérablement investie dans la réussite de l'émission. Son instinct et son expérience lui confèrent une efficacité qui dépasse celle qu'on peut attendre d'une attachée de presse ordinaire. Il faut dire qu'elle a bourlingué, et su s'entourer. Attachée parlementaire, proche d'Alain Madelin, elle a appartenu aux instances dirigeantes du parti créé par celui-ci, Démocratie libérale. Elle y côtoyait son mari Arnaud Dassier, fils de Jean-Claude Dassier. Celui-ci avait été l'une des grandes voix des années 1970 à Europe 1 avant de diriger LCI, la chaîne d'infos du groupe Bouygues. Dynamique et ambitieux, Arnaud Dassier a mis en place la stratégie internet de Nicolas Sarkozy pendant la campagne électorale, et notamment la Web TV animée par l'ancien directeur du *Midi libre*, sinologue et artisan de la privatisation de TF1 en 1986, l'inclassable José Frèches. La famille tient chaud. Ce n'est pas le « jeune actif » UMP François

Guéant, également membre du cabinet de Rachida Dati et fils de Claude Guéant, secrétaire général de l'Élysée - Premier ministre dans l'ombre -, qui nous contredira.

Brigade mondaine

« Politiques et stars et milliardaires : la nouvelle alliance », titre *Point de vue Images du monde* [7]. Rachida est en couverture au bras de l'excentrique styliste John Galliano. La photo a été prise lors de la soirée organisée le 17 septembre par Bernard Arnault pour célébrer les 60 ans de la maison Dior. « Deux cent soixante-dix privilégiés » se sont retrouvés avenue Montaigne « dans le frémissement d'un halo flatteur, sous la rotonde de sept mètres de haut », écrit le magazine. Parmi eux Bernadette Chirac, François Fillon, Brice Hortefeux, Jean-François Copé et leurs épouses. Et Rachida, « en noir scintillant et en Dior », bien entendu. Dans la magistrature, les photos de la glamoureuse ministre font s'étouffer quelques barons. Philippe Bilger, avocat général à la cour d'appel de Paris, se fend, sur son site internet, d'une lettre ouverte dans laquelle il exprime à la fois son soutien à la politique du garde des Sceaux et sa gêne devant « cette immense part de mondanité et de publicité qui vous voit conviée en qualité de garde des Sceaux ». « Cette lettre à mon ministre [8] » éclaire bien la problématique politique, sociale et corporatiste que Rachida Dati doit affronter. Les considérations de Philippe Bilger pour ce qui touche à la « vie mondaine médiatisée » de son ministre tiennent du vœu pieux comme de l'amnésie sélective. Avant Rachida Dati, d'autres gardes des Sceaux, d'Élisabeth Guigou à Georges Kiejman en passant par Jacques Toubon, Albin Chalandon et bien évidemment Roland Dumas, ne se sont pas exactement signalés par leur ascétisme et l'anonymat de leurs relations. Certes, la « pipolisation » de la vie politique a revêtu un caractère presque obligé depuis l'élection de Nicolas Sarkozy mais les personnalités publiques montrées du doigt pour leur frivolité ne sont pas les premières coupables de la dérive. Mieux vaudrait regarder du côté de ceux qui les font rois... ou les défont. « L'homme politique nouveau ressemble à ceux qui dans la société ont un parcours semblable dans des domaines d'activité très différents, explique le sociologue Jean-Pierre Le Goff. Ce sont eux que l'on retrouve dans les émissions de télévision people : au-delà de leur particularité, ils ont en commun un "parcours de réussite" consacré par les médias [9]. » On est loin de la vision gaullienne du pouvoir : « Rien ne rehausse l'autorité mieux que le silence, splendeur des forts et refuge des faibles. [...] L'autorité ne va pas sans prestige, ni le prestige sans éloignement » (*Le Fil de l'épée).*

Qu'on le veuille ou non, *Closer*, *Gala*, *Voici*, *Choc*, *Entrevue*, *Ici Paris*, *France Dimanche*, *Paris Match*, *VSD*, *Point de vue*, la presse de télévision et les journaux féminins sont aujourd'hui les magazines qui font l'époque. Chaque semaine s'y déploient, à l'adresse de millions de lecteurs, l'éloge du ragot et la célébration du vide. La futilité y est élevée au rang des beaux-arts. Mécaniquement, l'air du temps finit par s'en imprégner. Si l'on ajoute à cette force de frappe la course à la vulgarité des *talk-shows* télévisés et la puissance dévastatrice d'Internet, qui a du « village global » tous les défauts - surveillance de tous par tous, désinformation, manipulation du réel, expression anonyme des haines, exigence de transparence absolue –, il faut se réjouir que les indiscrétions sur Rachida Dati se limitent encore à son amour du théâtre et des pâtes (dont elle ferait parfois, lit-on, son petit déjeuner). À feuilleter *Gala*, on apprend ainsi qu'elle redoute la maladie et la mort, qu'*Eugénie Grandet* et *Au bonheur des dames* sont ses livres de chevet parce qu'ils lui rappellent sa vie ; Balzac, apôtre de la volonté, Zola, assoiffé de justice... Côté cinéma, elle garde en mémoire

La Maison aux esprits, *Et au milieu coule une rivière*, *Hôtel Rwanda* et l'œuvre sociale de Ken Loach. Pour l'instant, tout va bien. La garde des Sceaux échappe encore au graveleux. Pour l'instant. Mais accompagner Nicolas Sarkozy dans tous les stades où il va suivre la Coupe du monde de rugby - même à Cardiff -, c'est peut-être déjà *too much* pour un ministre engagé dans tant de réformes contestées. Le moment paraît venu d'écouter les recommandations métaphysiques de Jonny Wilkinson, buteur anglais et bourreau du XV de France. « L'important dans la vie, c'est de comprendre qu'il y a des choses qu'on peut contrôler, et d'autres, non. » Conscient du danger d'un retournement de popularité qui pourrait le desservir aussi, le président va demander à sa protégée de lever le pied sur le terrain mondain. Son propre divorce, quelques jours plus tard, éloignera pour un temps de l'Élysée la culture *fashion* que Cécilia y avait fait entrer par la grande porte, un joli matin de mai.

---

1. *Je vous fais juges*, Entretien avec Claude Askolovitch, Rachida Dati, Grasset, 2007.

2. *Vivement Dimanche*, France 2, 7 juillet 2007.

2. *Vivement Dimanche*, France 2, 7 juillet 2007.

4. *Le Monde*, 2 octobre 2007.

5. *Le nouvel Observateur*, 12 juillet 2007.

6. *Journal du dimanche*, 19 août 2007.

7. *Point de vue*, 26 septembre 2007.

8. « Lettre à mon ministre », blog de Philippe Bliger, octobre 2007.

9. « Catharsis pour un changement d'époque », *Le Débat*, Jean-Pierre Le Goff, septembre-octobre 2007.

13

Combat de femme

« Les locataires repassèrent la porte, l'un après l'autre, avec cet étrange sentiment de satisfaction intime que l'homme le plus compatissant ne peut s'empêcher d'éprouver à la vue du malheur d'autrui, fût-ce celui d'un ami cher. »

Fedor Dostoïevski, *Crime et Châtiment*

« Intrigante. »
« Tricheuse. »
« Arriviste forcenée. »

Sans doute est-ce effet de saison si les adjectifs volent bas. « Despotique » et « caractérielle » en juillet, la voici donc « menteuse » en ce début d'automne.

« La ministre de la Justice aurait été reçue à l'École de la magistrature en présentant un dossier mentionnant un diplôme qu'elle n'a en fait jamais eu [1]. »

Elle en pleurerait. De rage. Pourtant, elle le savait. Elle avait prévenu ses proches : tous les livres, tous les articles qui vont paraître à son sujet lui seront hostiles. Les fonctionnaires des Renseignements généraux sont sur le qui-vive depuis plusieurs semaines. Ils surveillent à distance rédactions et maisons d'édition. La technologie moderne - en l'espèce, Internet - permet de connaître en détail, avant même qu'il soit achevé, le contenu d'un article.

La une du site du *nouvel Observateur* est assassine. L'affaire du « faux diplôme » a repris du nerf après la publication le jour même, 25 octobre, d'une enquête de *L'Express*, complétée par *Rue89*. Extraits : « Son dossier [pour intégrer l'école de la magistrature] fait état de deux maîtrises, de cours suivis à l'ISA et - curieusement - d'un "MBA européen du groupe HEC-ISA". Or, rappelons-le, selon la grande école, elle n'a jamais obtenu le diplôme... » Le cabinet du ministre est obligé de réagir et de dévoiler une partie de la réalité, deux semaines avant la parution du livre de Rachida. « Jamais la ministre de la Justice n'a prétendu être diplômée d'un "MBA européen du groupe HEC-ISA". Son CV officiel mentionne en effet : "ancienne élève de l'Institut supérieur des affaires". » Envoyée en première ligne pour désamorcer l'obus, Laurence Lasserre se fait plus précise sans oser pour autant évoquer l'épisode du mariage arrangé. « Elle n'a pas obtenu son diplôme, alors qu'elle avait validé tous les modules, parce qu'elle n'a pas assisté au séminaire de clôture de l'année. Cela se passait en mai-juin et c'est juste le moment où elle a rejoint l'équipe de Jacques Attali, à la BERD à Londres. Disons qu'elle est partie sur un différend avec l'école... » Le directeur d'HEC est prié de téléphoner au *Canard enchaîné* qui s'apprête à détailler l'affaire. Il certifie, écrit le volatile, que

« l'élève Rachida, si elle n'avait pas obtenu le précieux diplôme, avait été assidue [...] et que l'école lui avait délivré une "attestation de fin d'études" ».

La contre-offensive se met en place. À peine revenue du Maroc où elle accompagnait Nicolas Sarkozy, Rachida Dati est sur le plateau de Franz-Olivier Giesbert (« Chez F.O.G. », sur France 5). Son hôte, un vieux copain, membre précoce du club XXIe siècle, est aussi le directeur du *Point* qui, coïncidence, s'apprête à publier les bonnes feuilles de *Je vous fais juges*, le livre plaidoyer. Resplendissante et sexy, la taille serrée dans un ceinturon d'amazone, elle rappelle Inès de la Fressange à ses heures de gloire. Elle ne sera pas bousculée, et les questions relatives à la situation judiciaire de ses frères seront coupées au montage. À l'aube du 30 octobre, elle file à Europe 1, rue François-Ier, où l'attend l'interview de Jean-Pierre Elkabbach.

Pourquoi s'acharne-t-on sur vous ? Vous avez bien une petite idée...

— Je ne préfère pas dire ma petite idée...

Le Canard enchaîné, évoquant un « torrent d'imprécations », raconte le soir même que la ministre lui a téléphoné « pour expliquer que c'était en raison de ses origines que la presse s'intéressait à son parcours [2] ». Le dimanche 4 novembre elle est sur le plateau du 20 heures de France 2 où elle remarque qu'« on n'a cherché ce type de querelle à aucun de (ses) prédécesseurs et à aucun autre membre du gouvernement ».

— Vous considérez que c'est parce que vous êtes... atypique ?

— Je vous laisse interpréter...

Son attitude reste paradoxale. Œil de biche enjôleur, effets de crinière, elle confie à son charme le soin de l'absoudre des vilenies dont on l'accuse. Sans doute lui a-t-on expliqué qu'à la télévision, il ne fallait pas chercher la nuance. « C'est proprement scandaleux, insiste-t-elle, je n'ai pas de faux diplômes, mes diplômes sont vrais. Ces accusations sont totalement infondées et totalement fausses. » Et son grand rire s'en va noyer la polémique. La non-validation du MBA vient pourtant d'être admise et expliquée dans son livre *Je vous fais juges*. « Si les magistrats (*de l'ENM, NdA*) qui ont évalué son dossier lui ont attribué un peu vite un diplôme alors qu'elle n'avait que le niveau d'études correspondant, le mal est bénin », commente sur son blog Christophe Barbier, le directeur de *L'Express*. Barbier évoque cependant lui aussi à cette occasion les nombreuses interventions dissuasives dont plusieurs rédactions, dont la sienne, ont fait l'objet de la part de l'entourage ministériel. « Est-il raisonnable de réagir ainsi quand on occupe un des plus hauts postes de l'État ? La garde des Sceaux a-t-elle les nerfs pour une telle fonction, elle qui a incontestablement le caractère trempé qu'il faut pour faire de la politologie ? » Un « long coup de téléphone de Rachida Dati », quelques jours plus tard, rassure l'éditorialiste. « Elle dément avoir tenté la moindre pression ou intimidation. Elle est désolée que nous ayons reçu autant d'appels : "Dès que je bouge une oreille, c'est comme une bombe", constate-t-elle [3]. »

Peut-être sa passion « inconditionnelle » pour la presse écrite, qui remonte loin et qu'elle partage avec son père, est-elle responsable de cette hyper-réactivité. Il n'en demeure pas moins qu'elle lui a coûté, en ces deux semaines de fièvre, quelques points de « popularité médiatique ». La controverse a pourtant quelque chose d'assez vain et ne paraît pas mériter le traitement d'une affaire d'État. Mais comme l'explique Régis Debray dans son dernier livre [4], notre société est devenue obscène parce qu'elle ne se place même plus dans le désir de spectacle ou la mise en scène : ivre de transparence obligée, « elle exige sa ration quotidienne de vérité inavouable, de scandale. Et on finit par la lui livrer ». Ainsi soumise à toutes les rumeurs, confrontée aux maladresses de ses débuts, à de petites dissimulations sans conséquences qui deviennent des mensonges d'État quand elles ne sont pas assumées, Rachida Dati peut devenir demain matin la victime du système même qui fit d'elle en quelques mois une icône de la vie publique française.

Quelques semaines plus tôt, la garde des Sceaux avait confié au magazine *Elle* son indignation anticipée. « Je suis magistrat, je travaille, ce n'est pas une intrigue. Après, on peut triturer les faits comme on veut, mais je n'ai rien volé, rien usurpé [5] ! » Et Jacques Attali confirmait : « Elle n'a jamais transigé sur les principes moraux. Elle a juste réussi magnifiquement à se créer un réseau. Même si elle a préféré suivre un homme de droite, c'est bien pour la démocratie que la politique l'ait récupérée [6]. » À *L'Obs* à nouveau, elle jurait de sa bonne foi les larmes aux yeux, une émotion touchante qui ne levait pas toute l'ambiguïté. « Je sais qu'on dit un peu partout que mes diplômes sont faux ; que voulez-vous que j'y fasse ? Je les ai toujours présentés, à chaque poste. Je ne les ai pas usurpés. Je n'ai pas demandé la charité. Mes études, c'est ma liberté. Ça a été ma façon à moi de quitter Chalon, mon village gaulois. Que diriez-vous à votre fille si pour conquérir sa liberté elle utilisait de faux documents ? Si c'était le prix de sa liberté [7] ? »

Dans un pays qui reste profondément méditerranéen et patriarcal, les femmes de pouvoir ont rarement échappé à la vindicte, sans distinction d'origine : irritation virile et jalousies féminines s'entendent à merveille pour déconstruire comme elles le peuvent les destinées trop insolites. À Matignon en 1991, Édith Cresson, qui ne pouvait certes pas s'appuyer sur une dextérité politique hors du commun, récolta plus de quolibets qu'aucun ministre médiocre avant elle. Il s'ajoutait à la moquerie une brutalité sexuée. À l'évidence, Simone Veil contemple Rachida Dati comme une sœur en « illégitimité ». Ministre de la Santé dans le gouvernement Chirac, elle défendit l'interruption volontaire de grossesse et la cause des femmes contre une majorité de l'opinion, et son propre camp. « Jacques Chirac était opposé à l'avortement, mais lui m'a beaucoup soutenue. Il estimait que c'était une loi de la République qui devait passer. En revanche j'ai eu à mener un double combat, pour l'IVG et en tant que femme. Je suis convaincue que jamais un homme n'aurait été confronté à ce que j'ai subi. C'était une horreur. » Avec l'ordre des médecins... « Je me rappelle ma première rencontre avec le groupe de médecins conseillers que Robert Boulin avait constitué quelques années plus tôt. L'accueil qu'ils me réservèrent fut glacial. Je crois bien que s'ils avaient pu me renvoyer au foyer, ils l'auraient fait. » Corporation judiciaire ou médicale, même immobilisme. « Quand je suis revenue dans un gouvernement en 1993, avec Édouard Balladur, j'aurais peut-être pu obtenir la chancellerie, mais je n'en ai pas voulu. C'est important à savoir. J'avais eu un exemple édifiant de ce ministère quand je travaillais avec René Pleven, qui avait été un grand président du Conseil. Il avait à l'époque accepté le ministère de la Justice, j'appartenais alors à son cabinet. Eh bien il a fini par perdre sa circonscription en raison des difficultés de tous ordres, notamment politiques, que le ministère de la Justice et son titulaire doivent résoudre quotidiennement. »

Pour mener et remporter son combat, alors, Simone Veil dut essuyer le pire. Ce n'est pas d'intrigante ou de tricheuse qu'on la traitait dans les milieux les plus à droite, mais de « juive » et d'« avorteuse ». Simone Veil dont le père et le frère ne revinrent jamais de déportation, qui connut Auschwitz et rentra sans sa mère, rongée par le typhus au camp de Bergen Belsen, porte aujourd'hui un regard spontanément bienveillant sur ceux qu'on cloue au pilori. À plus forte raison quand les motifs de cette malveillance sont douteux. Rachida, fille d'immigrés et musulmane, mariée malgré elle à 27 ans, nommée à de hautes fonctions et réformatrice iconoclaste d'une corporation suffisante et ankylosée : le tableau ne pouvait que lui inspirer de l'empathie.

Au nom de la mère

Les deux femmes ont également en commun le sens du combat et cette fidélité aux valeurs familiales qui dicte les conduites. Simone Veil confia un jour à Annick Cojean, du *Monde*, l'importance de ce qu'elle nomme alors le « sens moral » : « Je crois que c'est ce qui importait le plus à mes parents. La morale comme une éthique, un comportement, un ensemble de valeurs dans lequel ils plaçaient la vérité, la générosité, la solidarité, le respect des autres. Cela impliquait une série de réflexes dans la vie quotidienne. L'idée de mentir aux parents, par exemple, était incroyablement culpabilisatrice. L'idée de signer un carnet à leur place me semblait monstrueuse. Resquiller dans une queue était un manque de respect. Mais ne pas prêter assistance aux réfugiés ou aux gens dans le besoin carrément inconcevable[8]. »

La relation à leur mère est un autre ciment. « Avec elle, j'ai des relations de douceur... Des conversations de femmes. Elle sait ce que sont la souffrance et la perte, et pourtant elle n'a jamais abdiqué. Jamais elle n'a manqué à cette dignité absolue. Pour moi, elle est la sensibilité et l'humanité. Quand je l'ai rencontrée, j'ai fait attention. Je me suis dit que je ne voulais pas qu'elle me repousse. Je sentais qu'avec elle, je pourrais parler autrement, aller au-delà [9]. »

Écouter Simone Veil évoquer sa mère éveille aussi quelques échos qui rappellent Rachida : « Je suis beaucoup moins douce, beaucoup moins conciliante, beaucoup moins facile que maman ! Beaucoup moins généreuse aussi. Car sa vie à elle n'a été dirigée que vers les autres. Peut-être suis-je... Non, pas plus gaie, car je ne suis pas très gaie. Mais peut-être suis-je plus combative, moins résignée à renoncer à certains plaisirs de la vie, comme à la liberté de travailler. Maman l'a fait, sous la pression de mon père et malgré des études de chimie qui la passionnaient, abandonnant l'idée d'une vie personnelle pour tout donner à ses enfants, à son mari, à ses amis. D'ailleurs, elle ne pensait jamais à elle. Jamais. Elle pouvait se priver de tout pour les autres, sans même en avoir le sentiment, encore moins le leur donner. Elle était d'une telle bonté... Un mot étrange, hein ? Un peu désuet aujourd'hui. C'est pourtant bien de cela qu'il s'agit. Et d'amour[10]. »

Comme beaucoup d'autres, Rachida ne s'est jamais remise de la mort de sa mère. Jamais, malgré tous les départs, le cordon ombilical n'a pu être vraiment coupé avec celle dont elle confiait, peu avant sa disparition, qu'elle était la lumière de sa vie. « C'était l'amour pur. » « Un ange, insiste Valérie. Son décès est la blessure de Rachida qui ne se refermera jamais. » « Qu'elle soit partie si tôt, j'ai ressenti cela comme une punition. J'ai été punie[11]. » En perdant Fatim-Zohra au printemps 2001, Rachida s'est retrouvée privée de la flamme qui l'éclairait de l'intérieur. Peut-être faut-il lire comme une fragile consolation sa fréquentation des mondes qui brillent, où elle réussit le tour de force paradoxal de paraître à la fois maladroite et implacable. Cette femme sombre et volontaire a parfois des faux airs d'héroïne hitchcockienne qui se serait fait teindre en brune. Sa gravité prend si bien la lumière.

Pour toutes ces raisons, le « haut parrainage » de Simone Veil, affectif et quasi maternel, semble venu naturellement. Tout aussi spontanément, Rachida sait créer une responsabilité chez ceux à qui elle s'adresse.

« Elle a l'art de faire en sorte que les gens deviennent responsables d'elle », formule précisément le psychanalyste Jean-Pierre Winter. Et puis son destin astral lui promettait qu'elle trouverait ses amis (comptés sur les doigts d'une main) « parmi les personnes sérieuses ou âgées et possédant de l'expérience »...

Où sont les femmes ?

Au-delà des destinées particulières, la place des femmes dans la vie publique française reste embryonnaire. Moins d'un élu sur cinq aux dernières élections législatives : à ce concours-là, la France occupe la 58e place mondiale, juste devant le Nicaragua. Les directives européennes recommandant la parité sont peu ou mal appliquées dans l'Hexagone. Malgré la loi du 8 juillet 1999, qui révise les articles 3 et 4 de la Constitution portant l'égal accès des hommes et des femmes au niveau des candidatures, « ça n'avance pas », se désole Simone Veil. Et pourtant, si l'on se penche, justement, sur l'École nationale de la magistrature, on y relève un taux de féminisation exceptionnellement important. L'un des prédécesseurs de Rachida place Beauvau, Dominique Perben – l'ancien maire de Chalon –, s'en inquiétait. Il laissait entendre que les femmes d'aujourd'hui pouvaient difficilement concilier et réussir vie familiale et carrière. Mieux encore : la trop grande féminisation du métier de magistrat risquerait de souligner sa dévalorisation.

Ministre et résolue, Rachida Dati ne s'embarrasse pas de ces préjugés. Elle a clairement l'intention d'accentuer encore la féminisation du secteur dont elle a la charge. C'est pour elle un enjeu viscéral. « Ça va décoiffer », commentait avec lucidité un procureur général lorsqu'elle rendit sa volonté publique : faire prévaloir la règle de la parité hommes-femmes lors de toutes les nominations à venir. « Actuellement, seules deux femmes occupent les fonctions de procureur général, dans deux villes, à Poitiers et à Orléans, écrit *Le Figaro* en septembre 2007. Seules quatre magistrates se sont hissées jusqu'à la première présidence d'une cour d'appel. À l'échelon inférieur, celui des 181 tribunaux de grande instance, il y a 24 femmes procureurs et 47 présidentes. » Ce combat, parmi tant d'autres, ne fait que commencer.

1. *L'Express*, 25 octobre 2007.
2. *Le canard enchaîné*, 30 octobre 2007.
3. Blog de Christophe Barbier, 31 octobre 2007.
4. *L'obscénité démocratique*, Régis Debray, Flammarion, 2007.
5. et 6. « Rachida Dati, Paroles de Sarko », *Elle*, 2007.
7. *Le nouvel Observateur*, 12 juin 2007.
8. *Le Monde*, 22 août 2002.
9. *Je vous fais juges*, Entretien avec Claude Askolovitch, Rachida Dati, Grasset, 2007.
10. *Une vie*, Simone Veil, Stock, 2007.
11. *Je vous fais juges*, Entretien avec Claude Askolovitch, Rachida Dati, Grasset, 2007.

14

Soleils d'hiver

« Si l'espace existe, certaines facultés donnent
le pouvoir de le franchir avec une telle vitesse que
leurs effets équivalent à son abolition.
De ton lit aux frontières du monde,
il n'y a que deux pas : *la volonté - la foi* ! »

Honoré de Balzac, *Louis Lambert*

Plus elle connaît Kouchner, plus elle l'aime. Comme un grand frère. Au soir tombant de Marrakech, ils ont couru ensemble. Cheveux au vent sous les palmiers, la brune et le blond, ils étaient beaux. Hollywoodiens. Les passants les applaudissaient. Le matin, Nicolas Sarkozy présentait son projet d'Union méditerranéenne. Massé devant le bâtiment où se tenait la conférence, un groupe vociférait. Des Français protestant contre la réforme des régimes spéciaux de retraite. Ébahissement de Bernard Kouchner. Les retraites ! Jusqu'ici ! Il a pris Rachida à témoin : « Les retraites, tu te rends compte ! » Elle a haussé les épaules avec fatalisme. Bah oui, les retraites. Alors il a traversé la rue en apostrophant les manifestants. Les révoltés ont eu un mouvement de recul. Le ministre était déchaîné.

— Eh bien bravo ! Vous prenez votre retraite à Marrakech et vous venez nous faire chier ! C'est quand même incroyable...

Rachida s'est marrée franchement. Elle était ravie. Pour une fois, ce n'est pas elle qu'on venait huer, et quelqu'un osait répondre sur le même ton aux mal-lunés. Ce voyage au Maroc, le premier depuis l'élection de mai, a une valeur spéciale. C'est là, en cette terre chaude, que repose sa mère. Chaque fois qu'elle est venue seule, elle a eu un pincement au cœur en repartant. « Je me dis, je l'ai laissée. Si je suis avec lui, je ne sens rien [1]. » Lui, c'est Sarkozy. Vivre, donc. Au dîner, elle est la seule à accompagner le président français à la table du jeune Mohammed VI. Le bleu profond de sa robe, son regard noir et sa dignité naturelle ne lui font pas redouter la concurrence des beautés couronnées. Depuis qu'ils la savent influente, les élites du royaume la couvent. Elle compte parmi eux des amis haut placés : nababs et princes de la nuit (les frères Binebine), chef de cabinet royal (Mohamed Rochdi Chraïbi), responsables des services secrets. Malgré l'échec de la vente des avions Rafale, le Maroc et la France ont une relation chaque jour plus étroite. Soixante pour cent de l'investissement étranger dans le pays vient de France, premier fournisseur, premier client et premier créancier public du royaume. C'est notamment Alstom qui construira le premier TGV africain ; et Veolia, toujours dirigé par Henri Proglio, qui est du voyage, bien sûr, reste fort bien doté sur le marché de l'eau marocain. L'armée discrète des intermédiaires politiques et économiques entre les deux États fait surgir du passé d'inattendus visages. Celui d'Alain Carignon, par exemple, ancien maire de Grenoble, qui a fini par s'exiler à Marrakech après ses ennuis judiciaires. Ou celui de Michel Roussin, né à Rabat, ancien ministre de la Coopération de Jacques Chirac, actuel vice-président du groupe Bolloré pour l'Afrique. Inquiété en son temps dans les affaires de financement du RPR, Michel Roussin est un proche d'André Azoulay, conseiller des rois, initiateur du programme de transformation de la ville d'Essaouira. Paulette Brisepierre, 90 ans, sénatrice UMP, représente, elle, les Français de l'étranger ; décrite comme la « reine mondaine » de Marrakech, elle est assurément, à sa manière, une parfaite messagère.

Irrésistible étoile

Dans ce vaste royaume et ce si petit monde, Rachida fait figure d'héroïne. Endurcie. Trempée comme une lame et affreusement sensible. Moins solaire que l'adolescente de la photo de classe, dont le sourire étourdissait même l'air qu'elle respirait. Mais petite fille éternelle quand même, lorsqu'elle appelle son père pour lui raconter qu'elle a été visiter un centre de rééducation. Penchée vers un enfant qui la boit des yeux, elle murmure tendrement à son oreille, dans un arabe incertain. Il y a en elle une fragilité touchante et cette qualité particulière que le vieux yiddish appelle *houtspa* : un mélange de culot irrésistible et d'effronterie, propre à ceux qui ont eu à souffrir d'une forme quelconque de servilité - mais n'en veulent plus. « Symboliquement bien sûr, c'est un peu le type qui a tué père et mère et qui, au moment du procès, demande l'indulgence du jury parce qu'il est orphelin... », sourit Jean-Pierre Winter. L'extraordinaire détermination de Rachida Dati est aussi manifeste que le sable fragile qui lui tient lieu de socle. Winter : « Elle a eu une enfance difficile, elle aurait pu avoir le destin de certains de ses frères mais au lieu d'être dans la prison, elle est de ceux qui la construisent, cette prison. » « Elle veut réussir par sa compétence, tempère Kouchner. Elle ne parle pas de son passé. Elle n'en fait pas son oriflamme et c'est bien. Elle ne dit pas "j'ai du mérite"... Mais qu'est-ce qu'elle encaisse... C'est une écorchée vive. Je crois que pour se ressaisir, elle doit avoir un jardin secret. » Ultime coup d'œil sur le thème astral de celle qui avoue tant aimer l'incandescente *Adèle H* de François Truffaut : Saturne est en poissons. « Vous avez parfois besoin de solitude, d'isolement, voire de recueillement. Votre âme solitaire a du mal quelquefois à faire le point, à définir ce qui est juste ou injuste, vrai ou faux, bien ou mal. De ce fait, vous avez besoin de temps à autre d'une petite retraite loin du monde et des influences, afin de vous ressourcer. »

Le destin de Rachida Dati est en marche. Elle en a fait beaucoup, déjà, mais rien d'assez solide pour lui valoir cet apaisement profond qu'elle assure chercher et la reconnaissance définitive qui lui sera longtemps déniée. Pour devenir indiscutable, elle va devoir achever les grands chantiers de sa vie. La justice, d'abord. Et ce cortège de réformes qui hérissent, surtout lorsqu'elles émanent d'une jeune ministre « marocaine ». « Les mecs de la magistrature n'auront de cesse de l'abattre, affirme Kouchner. Ne la croyez pas indifférente. Elle est très sensible à tout ce qui se passe. » C'est à l'aune de ce désir d'« efficacité apaisée » qu'il faut peser les infléchissements apportés à la refonte de la carte judiciaire. Le président lui a en effet conseillé de renoncer aux grandes annonces volontaristes et nationales, par trop bruyantes. Sarkozy lui suggère au contraire de procéder par petits pas, une région après l'autre. Il se souvient, note Christophe Barbier (*L'Express*), qu'en 2002, c'est l'éclatement régional qui a permis de faire passer en douceur le redéploiement police-gendarmerie. La bataille est vieille comme la démocratie. « Il faut porter la hache dans l'édifice vérolé de l'administration judiciaire », entendait-on déjà en 1926 lorsque Raymond Poincaré s'attaquait à cette même réforme. Le résultat, au final, ne sera peut-être pas si radical. Les suppressions devraient notamment épargner les cours d'appel. Mais son tour de France des tribunaux, qui se voulait un gage de concertation, ne suffit pas à convaincre. Partout où elle passe, la chancelière est de plus en plus mal accueillie. À Amiens, des pancartes la traitent de « garde des shows » et on lui jette à la figure des codes civils périmés. À Montpellier avocats, greffiers et magistrats proclament que « où Rachida passe, la justice trépasse ».

Les dagues sortent des rangs mêmes de l'UMP : le 11 novembre, le députais Yannick Favennec publie une tribune meurtrière dans *Le Journal du dimanche* :

« [...] Vendredi, la "Datillotine" est passée en Mayenne faisant deux victimes : les tribunaux d'instance de Mayenne et de Château-Gontier. Ces tribunaux des gens modestes, souvent démunis, vont disparaître au risque de créer une justice à deux vitesses et de désertifier un territoire rural qui se bat pour exister. [...] Nos petits tribunaux de proximité vont mourir sous la lame d'une logique comptable, froide et mécanique, et d'une absence totale de concertation. [...] Je voterai contre le budget de la Justice car aujourd'hui la rupture est consommée avec notre garde des Sceaux et sa politique du mépris. »

Même François Guéant, l'un de ses propres conseillers, va lui aussi jusqu'à mettre en doute la pertinence de ses analyses.

La position qui lui a été confiée devient de plus en plus délicate à tenir. Combien de temps la tiendra-t-elle ?

La France, tu l'aimes ou tu la quittes

La politique de « tolérance zéro » qui doit s'appliquer à l'égard des jeunes délinquants, sur le modèle américain, est un autre terrain miné pour la garde des Sceaux. Il mord sur la question apparemment insoluble de la désespérance des banlieues et, par extension, sur l'échec de l'intégration à la française. Quel paradoxe déchirant, quand on s'appelle Rachida Dati, que d'appartenir à un gouvernement qui, malgré toutes les précautions oratoires du président et d'Henri Guaino, organise jour après jour la stigmatisation des étrangers. Le 10 octobre est inaugurée en catimini, à Paris, une cité-musée dédiée à la célébration de l'immigration, pendant qu'une commission gouvernementale prépare, pour tous les métiers, l'encadrement de l'« immigration choisie ». Celle-ci devra se substituer à l'accueil incontrôlé de clandestins promis à la traque et à l'expulsion. Le phénomène déborde les frontières françaises. Ainsi, au début de ce siècle, les Pays-Bas, dont la réputation d'hospitalité est planétaire, s'ouvraient encore chaque année à 130 000 nouveaux immigrants. Quatre ans plus tard, leur nombre a été divisé de moitié. Des tests de langue et de culture néerlandaises sont imposés à tous les candidats à l'immigration. Une première mondiale. En Allemagne, premier pays d'accueil dans l'Union européenne, la loi de janvier 2005 a limité l'ouverture des frontières aux travailleurs hautement qualifiés ; le *Land* de Bade-Würtenberg a même provoqué une polémique en introduisant un entretien au cas par cas pour les musulmans souhaitant acquérir la nationalité allemande. Le Royaume-Uni est l'un des trois pays européens, avec la Suède et l'Irlande, qui n'a pas bloqué ou contingenté l'arrivée de travailleurs en provenance des nouveaux États membres. Cent soixante-quinze mille Européens de l'Est s'y sont donc installés ; le gouvernement de Gordon Brown, dans le même temps, cherche à décourager les demandeurs d'asile : des contrôles plus sévères à l'entrée du tunnel sous la Manche en ont divisé le nombre par trois. Quant à l'Espagne et à l'Italie, elles ont régularisé chacune 700 000 clandestins en 2006, mais réfléchissent à une politique plus restrictive : Madrid planche sur un projet de quotas par secteur économique et Rome accorde des permis de séjour aux seuls détenteurs d'un contrat de travail.

Paradoxal système

Dans ses quartiers sensibles et bien au-delà, l'Hexagone frôle la schizophrénie. L'élection de Nicolas Sarkozy et la nomination de personnalités telles que Rachida Dati ont restitué leur crédit aux notions de travail et de mérite. Dans le même temps, l'idéologie ambiante exalte l'individualisme et les réussites rapides. Stock-options, délits d'initiés, parachutes dorés, salaires exorbitants : l'exemple vient d'en haut. Comment s'étonner qu'il suscite, en bas, ce cocktail de colère et d'envie dont témoigne par exemple la culture rap ? Que peut-on attendre d'un système qui valorise sa jet-set et ses actrices X plus que ses profs ; qui encourage le zapping et la consommation compulsive plus que la maîtrise du langage : dans les collèges de certains quartiers difficiles, ce sont des notices de machine à laver ou de téléphone portable qui servent à enseigner le français. Cent cinquante mille jeunes sortent ainsi chaque année de l'école sans la moindre qualification. À l'automne, un sondage a révélé que 48 % des Français craignaient de devenir SDF. C'est-à-dire qu'un Français sur deux croit sa déchéance possible à court terme. Que de chemin parcouru par l'angoisse en quatre décennies ! Une nouvelle catégorie de citoyens est apparue : les travailleurs pauvres. Le management par la peur fonctionne comme jamais. Chacun sait que les Chinois travaillent pour rien, ou si peu. Alors si on a un boulot, on s'y accroche. *La Question humaine*, titre d'un film récent, peut passer au second plan. Et l'ascenseur social refuser pour de bon de dépasser l'entresol.

« Quand je me contemple, je me désole. Quand je me compare, je me console », disait Talleyrand. Si elle tend à devenir une société anxiogène, de plus en plus dure avec les faibles et faible envers les forts, la France de 2007 n'est pas encore le pays du monde le plus inhabitable. Mais quelque chose est enclenché qui n'incite pas à l'optimisme. L'époque risque d'avoir cruellement besoin de personnalités inspirées, humanistes et généreuses qui aideront notamment à reconstruire la politique, à laquelle la charité et la téléréalité ne peuvent se substituer éternellement. Rachida Dati,

Fadela Amara, Rama Yade incarnent peut-être l'avant-garde de cette reconstruction. Mais poser la question de leur destin, c'est interroger l'avenir du sarkozysme. Qu'adviendra-t-il de l'ouverture lorsque le paysage électoral aura retrouvé ses vieux contours ? Quand les paillettes ne brilleront plus assez pour couvrir le réel ? Quand le Front national ne sera plus dirigé par Jean-Marie Le Pen et aspirera à intégrer une grande coalition conservatrice ? Il y aura encore des scrutins, et il faudra bien les gagner. Où seront alors les Kouchner, les Hirsch, les Amara... ? Où sera la gauche ? Qui sera à droite ? Que fera Rachida ?

Vouloir réaliser ses rêves, c'est se fixer des limites. Aussi haut qu'elle arrive, Rachida Dati n'est pas près de s'arrêter. Elle est de ces tempéraments lunaires à qui le repos semble interdit parce que seuls la passion, subie ou imposée, le jeu avec le sort, le défi aux contingences et l'aspiration au dépassement donnent un sens à leur course.

Sa quête inachevée, au fond, est une recherche d'absolu.

On n'en finit jamais avec Balzac.

---

1. *L'aube, le soir et la nuit*, Yasmina Reza, Flammarion, 2007.

CET OUVRAGE
A ÉTÉ ACHEVÉ D'IMPRIMER
SUR ROTO-PAGE
PAR L'IMPRIMERIE FLOCH
À MAYENNE EN DÉCEMBRE 2007

N° d'impr. 70049.
D. L. : novembre 2007.
(Imprimé en France)